我其实并不“坏”

如何理解和引导学“坏”的孩子

Playing at Being Bad

The Hidden Resilience of Troubled Teens

[加] 迈克·安戈尔（Michael Ungar）著
邱文静 曾 静 张 贝 译

學苑出版社

图书在版编目（CIP）数据

我其实并不“坏”：如何理解和引导学“坏”的孩子／（加）安戈尔（Ungar，M.）著；邱文静，曾静，张贝译．— 北京：学苑出版社，2013.10
（开发青少年抗逆力／田国秀主编）
书名原文：*Playing at being bad*：*The hidden resilience of troubled teens*
ISBN 978－7－5077－4393－7

Ⅰ. ①我… Ⅱ. ①安… ②邱… ③曾… ④张… Ⅲ. ①青少年教育－家庭教育 Ⅳ. ①G78

中国版本图书馆 CIP 数据核字（2013）第 240195 号
北京市版权局著作权合同登记 图字：01－2012－9193

版权声明

责任编辑：任彦霞
出版发行：学苑出版社
社　　址：北京市丰台区南方庄 2 号院 1 号楼　100079
网　　址：www. book001. com
电子信箱：xueyuan@ public. bta. net. cn；xueyuanyg@ sina. com
销售电话：010－67675512、67678944、67601101（邮购）
印 刷 厂：北京旺都印务有限公司
开本尺寸：880×1230　1/16
印　　张：9
字　　数：189 千字
版　　次：2014 年 1 月第 1 版
印　　次：2014 年 1 月第 1 次印刷
定　　价：34. 50 元

丛书序言

20世纪50年代开始，北美心理学家安瑟尼（Anthony）、温纳（Werner）、如特（Rutter）、皮特森（Patterson）等人的研究发现，有些父母精神异常家庭的儿童和青少年，并不像早期研究所说的那样，会出现精神问题或成长障碍，他们仍然保持了健康的情绪和生活适应能力，表现出较高的免疫力和成长胜任力，他们被称为“适应良好的儿童”（invulnerable child）。60、70年代以后，积极心理学思潮广泛传播，越来越多的研究者把研究重点聚焦在个体心理发展的积极面。相对于早期心理学较多探索心理问题的根源，侧重于矫正与治疗的实践取向而言，积极心理学热衷于在心理问题之中挖掘个体仍然能够顽强生存、不甘放弃的力量，重心转移到对力量、生命力、优势资源的关注。研究发现，相当一些生活在高危（at high risk）环境中的儿童和青少年呈现出良好的适应性和抗压能力，不但没有被危机和挫折压垮，反而能够自我调整、克服危机、积极发展。这种抵御逆境、抗击压力的能力受到众多研究者的青睐，逐渐成为一个相对独立的研究领域，学者们称其为抗逆力（resilience）。

抗逆力是一种能力。“抗逆力的核心因素在于复原，即重新回到压力事件之前所具有的适应的、胜任的行为模式的能力。”① 抗逆力是个体所具有的抗御困境并恢复正常适应的能力，是一种在生命的各个发展阶段能以不同行为表现出的促进并修补健康的能力。

20 世纪 80 年代末，中国心理学者开始接触积极心理学及其与之相伴的抗逆力研究，将国外研究的最新成果、最新发现向国内推介。抗逆力研究的核心在于关注和激活个体生命中的积极因子，即使面对危机，生命也能顽强生长的那种力量与活力。青少年阶段是人生发展的关键期，动力与偏差往往相伴而生，如何在偏差之中发现生命前行的动力，如何在危难面前保持探索与向上的力量，正是帮助青少年度过关键期，迎接生命卓越的拐点。

近些年来，青少年群体发生与出现的大量问题，可谓触目惊心。杀害老师、暴打父母、欺辱同学、吸食毒品、出入夜店、离家出走、扰乱校园、危害社会等事件接连发生，成为父母、老师、青少年工作者挥之不去的心病，也是社会问题之一。这些孩子怎么了？问题行为的背后存在着怎样的逻辑？触目惊心的状态有没有规律可循？成人群体如何能够帮到他们？家长、老师用什么办法介入？这些都是我们试图回答的问题。在此，我们提出一个响亮的号召——重新发现青少年！带着发现的好奇，抱有创新的态度，以一种相伴成长、与君同行的心态，走进青少年，也许能够找到焕然一新的教育机会。

加拿大达尔豪斯（Dalhousie）大学社会工作学院的迈

① Garmezy N.，*Children in poverty：Resilience despite risk*（1993），p. 56.

克·安戈尔（Michael Ungar）教授是青少年问题与家庭治疗领域的知名学者，他主持与推动的“国际抗逆力项目”联合了30多个国家与地区的500多名学者，极大促进了抗逆力思想在世界范围的影响与深化。安戈尔教授还是一名活跃的实务工作者，介入与干预家庭问题和家庭治疗，帮助遭遇困境的青少年及其家庭摆脱困境，获得新生。对青少年成长的深刻关注，对家庭建设的积极探索，使得安戈尔教授在家庭教育领域思想新锐、观点超前、案例鲜活、指导性强。

2005年，受安戈尔教授的邀请，我前往加拿大参加了“国际抗逆力研讨会”。通过会议期间的交流与会谈，安戈尔教授了解了我们开展青少年研究的状况，并对中国青少年的问题与特点产生了浓厚的兴趣，从此开始了我们稳定和愉快的合作。近10年来，我们共同申请国际课题、组织召开青少年研究年会、合作发表研究成果、联合指导研究生、深度交流研究发现，愉快的合作，积极的切磋，结出了丰硕的成果。

此次集结出版的《开发青少年抗逆力》丛书就是成果之一。我们选取了安戈尔教授在家庭教育、青少年培养方面的4本著作，以译丛的形式翻译出版。

《“我们这一代”：如何培养孩子的责任感》是写给家长的书，作者告诉家长：当代青少年似乎越来越自我中心，沉湎于“我”。事实是，今天的孩子们与他们的前辈一样关注“我们”。比如，他们希望自己的能力得到关注；他们渴望自己的需要和想法得到父母的理解与鼓励；他们期待自己的重要家庭关系得到保护。作者通过鲜活的临床案例，借鉴世界各国的研究成果，阐明青少年对亲密家庭关系的渴望，父母支持对激活青少年潜能的意义，亲情关系有利于预防青少年违法犯罪等结论。青少年问题已经成为当代世界各国特别关注的课题，本书提供了一个新颖、乐观的思考视角，探讨青少年的真实特征与潜在能量。

《我其实并不“坏”：如何理解和引导学“坏”的孩子》适合家长、教师和青少年工作者阅读，对于那些刚刚开始或者已经深陷问题的青少年，如过失行为、吸毒、酗酒、性乱、暴力、自杀、抑郁以及创伤等，本书提供了一个特别的解读视角。多数研究问题青少年的著作习惯于展示、表现成年人的聪明与能力，本书的不同之处在于，侧重于展示青少年的真实世界，以心理学研究的最新趋势、相关领域的最新成果，描绘、解密那些“不听话的孩子”。帮助问题青少年（即使是最麻烦的青少年）建构抗逆力，是本书提出的解决途径。通过深入了解、仔细观察青少年面对的危机和他们制造的危机，帮助成年人在预防青少年犯罪、干预青少年危机方面扮演重要角色。

《我不想要“保护伞”：如何帮助孩子应对风险》，作者以独特的视角阐明了青少年冒险行为与成年人的过度保护之间的关系，表明过度保护剥夺了孩子们体验生活、尝试生活、认识自我、修正自我的机会。但青少年成长探索是一个不可跨越的过程，冒险行为常常是青少年获得体验、尝试生活的重要手段。作者通过观察、探秘、体验青少年冒险行为背后的心理过程，挖掘冒险行为背后的积极意义，以此提醒父母、教师、社会工作者、心理咨询师真正明白孩子的成长需要，将冒险行为转化为承担责任。在书中，作者提供了一些有效倾听青少年的技巧，理解青少年行为的视角，帮助青少年平衡责任与冒险的关系，促进成年人思考如何处理保护与监管的尺度。

《我的长处在哪里：如何引导“叛逆”青少年走出困境》，越来越多的心理咨询师、教师、社区青少年工作者和父母投身于预防青少年个体和校园悲剧的发生。成功的关键在于：成年人对青少年经历的深刻尊重。作者提出了一个新颖、乐观的解读视角，透过青少年“不良”行为的表层挖掘他们应对生活挑战的特有方式。书中还提供了一些应用性工具，用于解释、揭示掩盖在问题下面的能力，并提炼为具体、有效的工作程序，帮助青少年建构积极的自我认同，形成可行的行动计划。例如：青少年出现吸毒、暴力、违纪和乱性等问题行为的六个阶段；设立专门一章讨论青少年欺凌现象；例举丰富案例，介绍了叙事治疗的基本方法；提供了一份“抗逆青少年能力清单”，用于评估抗逆力与自我认同的水平。

国富民强是几代中国人奋斗终身的渴望，今天，这个目标基本达到了。物质富足了，日子轻松了，生活丰富了，但孩子不省心了，这是很多国人时常发出的感叹。养育子女、培养孩子、盼子成才，几乎成为所有中国父母的使命，即使这般，还是有很多孩子发展畸形、问题丛生、成长不畅、惹是生非。问题出在哪了呢？这套丛书涉及的几个角度也许对家长、老师有所启发。

第一，过度保护问题。中国的独生子女现状，使众多家长对孩子形成一种无意识的过度保护。担心孩子不安全，担心孩子吃不好，担心孩子长不壮，担心孩子没出息，担心孩子不优秀。父母自身的输不起、放不下，成为孩子成长的巨大阻力与压力。因为总是顾虑孩子的安全问题，生命成长所必需的冒险与探索几乎与孩子绝缘。不经历风雨，何以见彩虹？忧患兴邦、自古少年多磨难，这些民间古语蕴含着深刻的人生哲理。孩子的责任感、担当意识、感恩情怀是在磨难与摔打中萌生的、成形的、自省的，要想培养有责任、肯担当、有情有义的下一代，过度保护肯定是南辕北辙了。《我不想要“保护伞”：如何帮助孩子应对风险》一书给了我们诚恳的提醒与指导。

第二，责任缺失问题。这是上一个问题的延续。因为父母过度关注自己的孩子，无形中为孩子搭建了一个保护伞，为孩子遮风挡雨，为孩子出气斗狠，为孩子大打出手，为孩子挑战伦理。孩子体会到的都是别人为我、我行我素、唯我独尊、自我中心。父母的用意是帮助孩子顺利成长，但过于平坦与顺畅的人生旅途，犹如市场上的“快餐”，虽能抵挡饥饿，却没有什么营养，长期食之，必然营养失衡，面黄肌瘦。自我中心的孩子，最缺失的是责任感、大局意识、群体理念，养成“小人长戚戚”的品行，不利于孩子的长远发展。《“我们这一代”：如何培养孩子的责任感》一书集中对这一问题进行了解析。

第三，行为偏差问题。从过度保护——责任缺失——行为偏差，形成了一个内在逻辑关联。父母的过度保护，剥夺了孩子自我探索、自我体验的机会，但生命是离不开体验的，没有体验意味着生命是悬空的、虚度的、没有接地气的，难以转化成青少年自我反思和自我生成的力量。生命本身具有萌发与探索的本能，当家长的过多干预与过度保护束缚了孩子手脚的时候，孩子会想方设法寻求父母监控的空隙，也使得偏差行为出现成为可能。保护是必要的，但过度保护就是因噎废食的表现，限制孩子成长的同时，又可能导致孩子为了成长而铤而走险。这是《我其实并不“坏”：如何理解和引导学“坏”的孩子》一书破解的玄机所在。

第四，干预管教问题。长久以来，我们在教育子女问题上形成了就事论事的习惯，揪住问题、惩罚矫治、外力控制、内省不足。孩子出现偏差行为，只是一种症状，症状的背后必然潜藏着成长动力的受挫与扭曲，当孩子正常成长的节律被无情搅扰的时候，异常行为就会出现。因为成长是不可节制的，不能正常成长，只能异常成长。所以，干预的源头不是简单地将“异常”扭转为“正常”，而是找到成长的动力，为成长铺路搭桥。这就是《我的长处在哪里：如何引导“叛逆”青少年走出困境》一书探讨的重点。

这套译丛是集体智慧的结晶，正式翻译之前，已是我们项目组的指定阅读资料，很多同学和老师阅读、介绍、引用过书中的观点或段落。此次翻译出版，得到了众多同仁的支持和协助，在此一并感谢了。丛书作者迈克·安戈尔教授更是鼎力支持，不但无偿出让作者版权，还帮助我们与海外出版社协调，解决了出版程序上的各种问题。为了促成此套丛书能够与中国读者见面，迈克·安戈尔教授的辛劳与关注，令我们感动。

还要感谢学苑出版社的领导与编辑，接受这个选题，支持四本书同时出版，特别是任彦霞编辑的付出与帮助。期盼我们对青少年成长的良苦用心能够结出丰硕的果实。

田国秀

2013 年 9 月

有些事情我并不了解，
但我应该了解它们；
我甚至不知道我不了解的这些是什么，
然而我的确应该知道它们；
我觉得我看起来很愚蠢，
原本该了解的我都不了解，
也不知道我到底该了解些什么，
所以，我只能假装我都懂。

——R. D. 莱恩（R. D. Laing），《结点》（纽约，1970）

目　录

绪　言

今天晚上的新闻报道了一个故事：距离我家一英里的公园里，一个慢跑的二十多岁的男性，遭到了八个青少年的袭击。在我和朋友们的一个聚会上，听他们谈论，在女儿九年级毕业派对上，有女孩通过与男孩性交来换取 20 美元的兴奋剂。我同事 18 岁的儿子在市区的酒吧攻击了一个男人之后，又毫无缘由地从背后刺伤了他，被警察指控。在我办公室附近一所私立学校上学的女孩们，抽着烟散步经过我的窗前，被掀起的带褶的格子校服裙看起来像迷你裙一样。我家附近的一个快餐店已经雇了一个保安，以确保不会有年轻人在那儿闲荡。当地社会服务部门办公室前繁忙的十字路口处，有两个街头青少年，一个是穿着牛仔裤和运动鞋，有厌食症的年轻女人，另一个是扎着马尾辫的年轻男人，总是带着一头斗牛，将它系在马路边，自己漫步于四条交通车道之间，给停下来的车辆清洁挡风玻璃。

这些年轻人中的一些人或许会得到帮助服务，其他的就只是继续破坏他们的家庭和社区。我曾经非常肯定地认为自己能够解决这些孩子和青少年身上的问题。他们来找我，最后拿到治疗的费用单，甚至是更长的描述他们和他们问题的详细诊断书，即使对这些年轻人的了解大部分是来自其他成人。作为一个治疗者我能帮到他们，这让我觉得心里很舒服。这些孩子是危险的、失常的、违规的以及混乱的，他们会与同学发生暴力、威胁警察、割手腕、偷车、烧毁房屋、怀孕、逃跑或者是被休学。他们往往性活跃、极度亢奋、苛刻、混乱，而且在这种混乱的状态下，他们会摧毁父母的情感，让他们不知所措。他们几乎总是与不良人群走在一起。现在我仍然相信我能帮助他们和他们的家庭，不过我发现只有当我更多地依赖年轻人自己对他们生活的描述，以及对其行为原因的解释时，我的干预才是最成功的。

在过去的20年里，作为社会工作者、家庭治疗师、青少年工作者和研究者，我的工作一直与这些所谓的“高危”青少年和他们的家庭联在一起，每天都在观察他们采取各种方式生存的意义何在。令人惊讶的是，我的很多工作对象都没有稳定的家庭。但出乎意料的是，即使家庭条件优越，他们也会遭受来自家庭、学校和朋辈群体的情感与身体虐待。

无论是来自好的家庭还是不好的家庭，富裕的社区或者是贫穷的社区，在工作过程中接触到的这些问题青少年告诉我，他们之所以学坏是因为这是可以让他们心情不错的最简单的方法。他们发现这样可以有机会表达痛苦，可以摆脱家庭的混乱，或许有时候即便只是纯粹的兴奋也是这些年轻人的生活调料。

这些孩子们让我很想知道他们的问题是如何循环反复的，只有当我们从观察中发现是我们成年人导致一个又一个年轻人陷入问题时，我们才能意识到这个错误的结论。我们只看到伴随着爱而来的源源不断的痛苦，所谓的问题孩子和青少年告诉我们成年人这种观点是错误的。他们告诉我，我们需要走进孩子的生活，了解他们的朋辈关系以及遭遇逆境时所选择的途径。精神病学家特里·莫菲特（Terri Moffitt）和她的同事已经研究了这些途径，并且告诉我们只有不到5%的孩子会带着这些问题行为进入成年。这个消息的确令人感到欣慰，但是我们尚未深入了解到这些以越轨和混乱为生活方式的少数者的精神支柱是什么。

逐渐地，我们看待孩子的视角，如同我上文提及的，用错误的理由控制着我们的关注点。他们是出现在六点新闻上的一群人，戴手铐的，或者更严重，甚至是死亡的。他们是每个父母的噩梦和极大的耻辱，然而我们并没有去想想我们能够帮助他们做些什么，反而，只是像他们的家长通常做的那样去责备孩子，并没有去弄明白为什么这些问题行为对他们如此有吸引力。

这本书谈论的内容旨在如何帮助这些年轻人，当然，是在他们被作为统计数据之前。这是我们大家的责任，包括饱受困扰与担心的父母和专业人员。与大部分书不同，它来自于一些与众不同的视角：问题孩子和他们的朋辈群体。这些年轻人和我就像考古学家一样一起探索隐藏的洞穴，寻找一种难以找到的物质，我们称其为“健康”。年轻人证实了自己是最棒的探险者，带领我进入他们的世界，督促我重新思考是什么使一个孩子走向健康。

理解健康的方式有很多。研究显示，有高自尊、归属感和生活的意义感、适当的关心和安全的环境最有可能成就健康的孩子。我们也知道随着孩子的成长，他们需要一个不断扩大的关系网络、能体验胜任感的机会和对生活的控制感。威廉姆·波拉克（William Pollack）在他的著作《真实的男孩》中已经证明了年轻男人们生活中的这种关系网。塞缪尔·欧尔森（Samuel Osherson）也做了相似的研究，他访谈了两百多个男人，主要是关于他们的爱情经历，还有与伴侣、孩子、母亲和父亲的生命联接。女权主义作家比如珍·贝克·米勒（Jean Baker Miller）和卡萝·吉利根（Carol Gilligan）认为，女人的成长（也许男人的成长也是）是通过与他人的生命联接发展起来的，而不是以前主张的完全是一个人自己独立成长的。在这个基础上，玛丽·皮福（Mary Pipher）长时间观察年轻女人的生活，完成了《拯救奥菲莉亚》。

但是除了生命联接，青少年有更多的需求。他们也需要边界、规则、有人限制他们，使他们感到安全并帮助他们成功。我们从发展心理学家如英国的米歇尔·拉特（Micheal Rutter）的研究中得知，当孩子们生活中的压力增大时，良好的问题解决能力、成长的机会和亲密联接都会帮助他们度过混乱的时期。

奇怪的是，虽然这些健康的因素都很重要，但很多年轻人却以我们成人所坚信的不健康的方式在感受着健康。我们并不总是能够，而且社会也不愿意频繁倾听年轻人的选择是为了快乐的生活。反而，我们坚持让他们以我们接受的方式达到健康，虽然有时对他们来说是无意义的。很多来我这儿的年轻人嘲笑着看父母们画中的世界，看起来像一个迪士尼街道景观。我们希望提供给孩子这样一种温和秩序和规则，但很多年轻人觉着这样的世界缺少挑战和意义。更多年轻人，知道他们将永远不会进入这样一个童话故事的世界，反而会花大部分时间在社会中。在那里，他们让自己感到舒服的唯一方式可能就是违反法律或者是做一些疯狂的事。

参与到我这项研究中的青少年们也许能帮助我们解决一个很久的谜。也许是因为被不成熟的理想主义和青少年的无限潜力所威胁，很久以来，我们都把青春期看做一个问题，我们都想知道是什么让我们的孩子把他们自己置于受害者的境地，但是几乎没有人仔细考虑过作为成人，我们在他们寻找身份过程中扮演的角色。南茜·莱斯科（Nancy Lesko）等作家说过，青春期只不过是成年人感觉受到青春的活力的威胁而创造出来的一个词，因此把孩子看作是难驯服的、野蛮的，和其他一些他们认为不应该有的样子。青少年已经成为了我们共同的替罪羊。

即使我们接受了青春期是一个不同的发展时期的观点，即一个缺乏自我控制的阶段，我们仍无法成功地利用资源保持青少年的安全，虽然这是我们应该做到的。当我第一次在办公室见到拥有一英尺厚文件的年轻人时，我总是会有一种很不安的直觉。文件里通常会有 5 个、10 个、11 个甚至更多的评估报告，就像梯子上的横档一样层层堆叠，无从入手。当我阅读这些文件时，可能会很沮丧，我几乎能听到文件中回响着孩子和家长的怒吼，因为他们不得不忍受生活中入侵如此之多的问题。

我们错过了什么？

很少公开提到的却令人悲伤的一个事实是，大部分咨询、安置、入狱、精神科治疗和团体治疗只能阻止很少一部分孩子重蹈他们的朋辈群体的覆辙。如果有人就接受治疗的问题青少年的后果分析做过大量深入的学术研究，那他可能会发现很多从未接受过治疗的孩子发展得很好，然而那些得到了我们竭尽所能提供的帮助的多数孩子却只能长期依赖照料体系。

在最近的一个关于家庭治疗的国际研讨会上，一些著名的专家告诉他们的听众，并没有太多证据表明大多数专业服务的有效性。很多时候专业人士们总是认为，如果工作对象的情况有所好转，那么一定是因为他们所提供的治疗。而那些没有好转的工作对象则被称为“阻抗”，并且告知只要他们同意参与到提供的治疗项目中，他们的问题行为就会得到改变。

作为父母、老师、心理健康医生和记者，我们都错过了很多显而易见的事情。危险的、失常的、违规的或者混乱的孩子们在疯狂地寻找让他们自我感觉良好的道路。虽然他们的确希望健康、快乐，享受生活的全部，但他们并不总是想要改变。西海岸的青少年药物成瘾顾问大卫·葛莱森（David Gregson）谈到他的案主时，他形容为“正常地失常”，没有比这更好的表达了。这些使我们成人感到很害怕的行为通常是问题孩子们从一系列糟糕的选择中所能做出的最优选择。

很多时候，青少年通过问题行为获得“健康”。在理解了问题行为对他们的吸引力是什么之后，我们能更容易地保护他们的安全。当我们看到他们如何在混乱中找到“健康”状态时，我们就能更好地给他们提供体验的机会，采用与问题行为力量相当但更为社会所接受的方式。只有当它们能给“问题青少年”带来的利益，与其所选择的危险的、偏差的和违法的途径获得的利益完全一样时，这些替代的方式才会发挥作用。

“问题”是寻求“健康”的途径？违法行为是一种求生策略？这似乎很难让人相信，但却有着非常充足的证据。

探索的源头

十年前，我感觉爱丽斯陷入了麻烦之中。当我第一次问孩子们关于“问题行为”的积极影响时，我困惑了，接着就陷入了完全恐慌的状态。即使在发现很多年轻人身上的隐性抗逆力之后，我内心深处仍有这样的恐慌感。因为在新闻上所报道的“问题孩子”身上发现隐藏的抗逆力或“健康”，这可能是一种不太和谐的声音。在这些孩子们生活的混乱环境中，坏的可能是好的，监狱可能是比家或社会更安全的地方，药物滥用能让他们感到放松，暴力能成为获得认同和自尊感的一种方式。

大多数父母永远不会知道他们的孩子会用这样的方式思考，因为大部分孩子找到了其他方式。但这些孩子并不幸运，我回想起那次，跟随着伊斯雷（Isley）兄弟的曲子，我们蹲在跳舞板上开始沉默地“呼喊”。我们慢慢地不断提高声音，一遍又一遍，直到我们站起来，在头顶挥舞着手臂，声嘶力竭地叫着“喊出来”。如果本书中这些青少年能放声说出来，那么其他沉默孩子的声音也能被听到。

安娜和梅丽莎

原本早上8：30的会面，安娜提前20分钟出现了。她是这些年中我会见的众多父母之一，当年绝望中的她来到我的诊所，就像一艘漂浮在海中的有漏洞的船，她什么都没有，只有一个舀水的壶。我记得她的凝视和涣散的眼神，这是她摄入了过多的咖啡因、缺乏睡眠以及太过紧张导致的，这在提醒着惊慌的船员要去寻找着陆的希望。安娜 14 岁的女儿梅丽莎没有在场，但其实我们都期望那天早上她会过来。

安娜坐在我旁边，紧握着她修长纤细的手，虽然两年前已经离婚了，却仍戴着当初的婚戒。她的前夫曾是一个酒鬼，他没有给她留下任何东西，只有孤独的夜晚和杂乱的账单。我们见面的那个早上，是一个干冷的、有阳光的秋日，空气中充满着北风的味道。在东海岸，这种含带着少许盐分的北风，会让人的眼睛流泪。

安娜跟我诉说她焦虑的情绪和无助的感受，因为让她充满了期待的世界总是出现一个又一个毁灭性的事件。这次尽管是她女儿，却耗尽了她仅有的资源去应对。她觉得如果来晚了就不能保护梅丽莎的安全了。她告诉我，梅丽莎前天晚上 9 点离开了家，虽然第二天要上课，但是安娜却无法阻止她出去，再多的威胁和眼泪都无法让她回头。更糟糕的是，她告诉我，她甚至看到梅丽莎和一些比她大的街头混混在一起。安娜知道那些孩子们吸毒，他们还犯过法。

并没有一种速效方法来帮助像梅丽莎这样的孩子，或者让她母亲平复恐惧。梅丽莎最终会回家并且留下来，而且母亲和她之间的关系会成为她们生活中的安全支柱。但首先，由于梅丽莎不在场，无法亲自讲述她自己的故事，所以我只能问安娜是否记得当她 14 岁时，她是什么样子的。她的朋友是什么样的，他们吸引她的地方在哪儿？安娜完全确定她能记得她在梅丽莎这个年纪时的情况：拼命想得到被接纳的焦虑，同伴压力的神秘力量迫使她去做别人吩咐的事情。第一次访谈的时候她显得很尴尬，但还是跟我分享了她在年纪更小的时候做过的很多“错事”的细节。

当我坐着倾听安娜讲述她女儿的行为时，我不禁在想：如果我继续深入，询问梅丽莎关于她在街头和家中的生活，也许我会发现前天晚上发生的事情与安娜没什么不同。不管怎么样，安娜是对的。梅丽莎的行为招来了麻烦，为了帮助她改变，我需要从梅丽莎的角度理解街头吸引她的地方到底是什么。梅丽莎从她妈妈门前走过时表现出强烈的挑衅，这让我很好奇。这个活泼的 14 岁女孩是怎样吸引比她更大的青少年注意的呢？并且为什么她要如此与妈妈对抗，以致将自己置于危险之中呢？

安娜和我都完全同意像梅丽莎这个年纪的孩子并不应该半夜在街上闲逛，安娜想“控制”这个情况，但我建议她用一种更谨慎的方式。不择手段做“坏事”的青少年不会循规蹈矩地按你说的去做。

成人的帮助

“没有人给过我帮助。我不需要帮助。我没有问题。”萨拉一遍又一遍地强调，她坚信没有人听她说话。萨拉，13 岁，像梅丽莎一样，她觉得自己应该像 18 岁孩子那样被对待。我和她的父母都能感觉得到她膨胀的自信，尽管我们并不那样认为。但她却能独自做得很好，这点非常感激。也许她真的能够做到，但也有很大的可能她做不到。

在她这样小的年纪，就已经因为一系列财产纠纷和违反缓刑条例又再次被拘留。很难想象出这个乌黑色头发，带着顽皮笑容的女孩曾经对其他人造成过那么多伤害。她差不多98磅，穿着一件很宽松的衣服，搭配了一个很适合她修长体型（178cm左右）的包。她不断地在说话，整个谈话过程中她坐立不安。她很少坐着不动，但她有一种不可思议的诀窍能够连续几个小时盯着电视里的任天堂游戏，一直处于过度刺激带来的兴奋之中。她拿着遥控器，整个身体就像战争中的士兵一样，甚至像小玛里奥一样从濒临死亡的状态中逃离。也许她发现屏幕里的故事和她的故事一样生动。遗憾的是，我从没想过去跟她谈谈这个话题。

在与她拘留期间的青年工作者做了官方性的短暂了解之后，我便坐到了萨拉旁边，问她：“能告诉我一些关于你的生活吗？比如说在这里感觉怎么样，还有你的朋友、你的家庭。”这种简单的问题使青少年容易接受我，跟随着他们的步调和他们在自己选择的航道里一起航行。他们开始谈什么无所谓，我们的生活就像是五彩织锦一样无止境地交织在一起，如果我们耐心一点，一切最终都能揭示出来。

事实上，如果我在初次见面之前不知道关于孩子的那么多信息，效果可能会更好。那些厚厚的档案可能会使我们错过孩子想让我们听到的东西。另外，少量的信息也是很危险的，会让我们先入为主地去了解一个人：使我们以技巧做出某些假设，没有真正理解他们这样生活的来龙去脉就把他们的行为进行分类。这些孩子常常能证明我们错了，或者哪怕我们只是给他们少许的机会，他们就可以证明。萨拉就是其中之一。

她告诉我，她和爸爸、妈妈生活在一个小农场里。尽管她幼年大部分时间是在城市度过的，但父母还是决定搬回到她父亲的家乡，并尝试着以捕鱼为副业，再经营个自己喜欢的小农场。当父母一切都步入正轨时，萨拉却陷入麻烦有一段时间了。她在城市时从未有过那么多的问题，但是在一个新的环境中，很多跟她差不多大的邻居孩子已经开始喝酒了。这些孩子们生活的环境很隔绝，却仍然幻想去一个更广阔的世界，对好莱坞满怀期待，却面临身在乡村的现实，正处在理想与现实的差距这样一种糟糕的混乱之中。

于是，年轻又不受控制的萨拉很快就得到了大家的关注。她的父母对女儿的行为感到很丢人，既然已经回到了家乡就想创造一个好的生活。他们不希望自己的孩子像其他孩子一样惹上麻烦。当我们初次见面时，他们告诉我萨拉是如何与比她大四五岁的狂野青少年一起闲逛的。他们担心她会被迫吸毒（她曾经尝试过），而且她的学业下滑得非常厉害。他们已经带她看过一个当地的儿科医生，并开了利他林，这是一种用来治疗注意缺陷多动障碍的药物。

萨拉用一个讽刺的笑容接受了这种身份，即一个过度活跃的、不能控制自己的易冲动孩子。她告诉我她正在“严重”酗酒，而且很坚定地说她注定会成为罪犯。对于为什么会选择这种而不是其他的生活方式，她没有对我做任何解释，但是她显然很喜欢这种方式。在拘留所的日子只是一次额外的探索，聪明地用这种违法的方式回归到她自己的世界。没有威慑，拘留所完全是她自己选择的挑战的一部分。

但是萨拉也有她自己的优势。她非常忠诚，一发现有人攻击她的家庭或者朋友，她就会立刻警惕起来。只要不用保护自己或者其他人，萨拉总能时时给人带来快乐。她能美妙地歌唱，不知疲倦地踢球，喜欢任何出游或探险活动。当她和年轻的工作者有时间单独聊天或玩游戏的时候，总是显得特别的阳光。当通过萨拉的生活看到她的反馈时，很容易去想象一个小狗高兴地追赶自己的尾巴的场景。

她很喜欢这种无忧无虑的表象，但了解她的我们也很担心这种表象消极的一面，并试图让她改变。当她安全地被送到监狱时，我们再也不用担心她会强行闯进村舍、在学校放火，或者在街上大骂我们。只要在拘留所里，她都很清醒，服药、娱乐，丰富的生活安排、安全和有计划的日程让她得到了很好的照顾。我们和她都在努力探索如何以不违法的方式帮她获得自尊、力量感和有意义的联接。

三种不同的儿童

不管是来自良好家庭的孩子，还是来自不好家庭的孩子，他们采取的行为方式总是想控制超越他们身份所能驾驭的，超越他们期待对象的接受范围。生活在混乱中的孩子，以及以越轨和问题性方式去应对生活中的挑战的孩子告诉我们，他们之所以采取这些危险途径有三个原因。

创伤儿童是指那些生活中经历了太多的创伤，比如遭受过虐待、被忽略，或者是目睹过暴力和堕落的孩子们。他们可能来自于贫穷或富有的家庭，居住在稳定安全或饱受战争犯罪的生活环境，但往往深深地受到他们生活中所见所闻和亲身经历过的创伤事件的影响。但并不是所有的创伤青少年都是有过可怕的经历才转而开始吸毒、暴力或自我毁灭，从而被贴上失常、混乱或危险的标签，很多孩子的确是将他们的问题行为解释为应对痛苦的最佳方式。我宁愿孩子们有更多的其他的机会，而不需要用自我伤害性的方式来提升自尊、寻找社会支持、感受被爱或自我疗伤。然而令人悲哀的是，对很多有过精神创伤的孩子来说，自我伤害的行为是他们仅仅能做的。为了阻止他们选择这种问题行为，首先必要理解他们为什么要这样做，他们这些行为能让他们获得的积极体验是什么。

相反，弱势儿童是那些无法从自己的生活环境中获取维持“健康”资源的孩子，即使我们认为资源是提供给所有孩子们的。但这些孩子没有好的工作前景，没有感觉到属于他们自己的服装和配饰，没有社交称谓，或是“正确”的肤色、性取向，或是没有能力在他们的世界里找到一个受尊重的位置。取而代之的是，没有“健康”也一样充满希望，这些青少年发现了一扇向他们敞开的门，即通过越轨的、冒险的和违法的街头文化可以让他们获得一种“健康”的身份。

幸运儿童是让我们感觉最困惑的群体。这是一群带有隐性问题的青少年，尽管他们通常好像拥有能让他们成为“健康”孩子的一切资源。他们在各方面被呵护，却仍然对生活不满意。作为他们的照顾者，我们不理解为什么看起来好像什么都不缺的孩子会变坏。我们尽最大的努力，让他们拥有安全和稳定的家庭成长环境。然而，我却看到越来越多的“幸运儿”来到我的机构。我称他们“幸运”，是因为我们是这样认为的：很幸运拥有爱他们的父母，他们的父母却不能总是陪伴在身边；很幸运拥有稳定的家庭，他们却受够了命令，受够了生活中不需要承担任何风险的安全；很幸运地生活在安全的社会环境中，却没有机会去体验比较混乱的生活，拒绝身边千篇一律的人和事；很幸运他们的未来充满了希望，却没有权力决定自己的未来是什么样的；最后，他们很幸运生活在一个完美如画的世界里，同时他们失去的可能是一些更有价值的东西，比如远离大众和成人的操控。这些幸运的孩子们是最少能被理解的，因为他们似乎无任何预警地就爆发了，这使他们的父母和社区很尴尬，垂着头不敢相信他们如此健康的孩子会做出这些不可思议的破坏性行为。

这三种类型的孩子告诉我，当行为方式给他们带来的影响超过他们本身时，他们就会学坏。大量青少年通过危险、违规、失常与混乱的行为方式来宣泄情绪和寻求一种有权力感的身份，这是一个悲剧。作为一个治疗师、一个父亲和社会中的一员，我希望这些孩子能找到一种更被社会接受、减少自我挫败的途径。撇开我的愿望不说，对很多青少年来说，他们的选择就是这样。这是他们自己的决定，也许这个决定未必有多大的自觉性和目的性，但这仍是一个决定，而且是能让他们走向“健康”的一个通道。

我发现当我面对有深层问题的青少年这样的工作对象时，只有当我能够真正理解他们、接受他们的所作所为、帮助他们解决生活中的深层压力时，我的工作才是最成功的。没有这种理解，就会被伴随年龄增长带来的偏见误导而去盲目判断。这只会更加误解问题青少年的行为，游走在他们生活的边缘。

创伤儿童展示给我们的是混乱行为和在精神病房度过的时

间如何形成了一种有效策略，而不是通过虐待那个无法停止暴力的孩子。弱势儿童能证明自己有机会，虽然这种机会少之又少。他们通过卖毒品、做贼或是对控制他们生活的人抱以敌对态度来展示一切，而且越来越熟练精湛。同时，成长在文化荒漠上的幸运儿童通过失常行为寻求平凡生活中的刺激和挑战。就这三种群体而言，他们痛苦的根源可能有所不同，但是解决方式通常相差无几，他们都将问题行为视为自我拯救的方式。

五种策略

萨拉说没有人能帮得了她，我相信她的真实意思是她喜欢现在的生活方式。我遇到的很多孩子，他们的家庭和社会都很愿意，也能够为他们的健康成长提供机会。但是孩子们还是会变成问题青少年中的一员，做那些能让他们自我感觉良好的事情。这并不令我们惊讶。因为在泰国、波兰、哥伦比亚、澳大利亚还有美国和加拿大等一些地方关于街头青少年的一项又一项研究表明，对于那些被拒绝或被抛弃的孩子而言，朋辈群体意味着生存。虽然接下来会提到的青少年中，不是所有人都符合这种描述（很多孩子拥有充满爱的家庭，有着“足够好的”优秀的父母），但是对一些孩子来说，街头是让他们拥有归属感的唯一的家，这是一个令人难过的事实。

当我对萨拉这样的孩子以及他们的家庭开展工作时，我会在办公室里放两样东西。第一样东西是笔和纸，我很荣幸可以跟他们一起分享他们的生活，可以用纸和笔记录下他们的故事。第二样东西是垃圾桶，他们可以扔掉我认为对他们不适用的任何东西。

通过这些年跟他们的对话，我发现我们成人可以通过五种策略来帮助问题青少年安全地成长，而且他们不需要采取违规和危险的行为就能获得接纳。虽然我看到的孩子通常都是在他们已经踏上了自我毁灭之路之后的样子，但这些策略对于阻止孩子们开始问题行为同样有效：

策略一：问问他们“什么是真正的自己？”帮助青少年学会批判地接受每个人的价值观，包括父母、同伴或那些自以为是掌握着真理的人。

策略二：鼓励他们“货比三家”。青少年如果想要发现自己到底想成为什么样的人，则需要加入不同的朋辈群体去体验比较。

策略三：鼓励他们讲故事，认真倾听他们讲述关于自己的复杂的故事。

策略四：接受他们的独特性；认可青少年选择的身份；发掘这些身份的积极方面，让他们明白不管怎样都有被接纳的可能性。

策略五：停止指责朋辈群体。把孩子们视为共同创造群体身份的平等参与者。

这五种策略都可以帮助父母、监护者和专业助人者用来与孩子们建立起对双方都有意义的关系。我确定我们能帮助像萨拉和梅丽莎这样的青少年走上另一种不同的生活轨道，但不是再次上演以前强加给他们的那种“帮助”，我们需要做一些不同的事情。在接下来的章节中，每种策略都通过青少年的故事不断进行探索，这些青少年不管是在家里还是在外面都在努力做自己。

没有一个家庭、照顾者或助人者想尝试将五种策略同时使用，它们是环环相扣的。态度的转变和既定的行动同等重要，这些策略不需要按部就班地执行，可以从任何一步开始，可以选择从你或者青少年比较舒服，容易接受的步骤开始。

这五种策略并不能总是仅靠家庭来实施。首先，这个孩子必须要有建立关系的意愿。遗憾的是，一些青少年和他们的家庭关系已经疏远，与家庭没有任何的亲密接触，自己独立生活。这种关系是可以修复的，但是父母或监护者可能需要专业的帮助去重建这种关系。若是没有对话、联接和时间，帮助孩子健康成长则是无稽之谈。

当问题变成解决方案

有很多种原因都会导致我们和问题青少年之间的关系出现问题。有时候原因是明显的，但更多时候是模糊的，就像被大雾笼罩一样。比如乔纳森，他成长在一个上流社会的家庭里，父母可以提供给他一切舒适便利的条件。他现在 15 岁，不跟父母过多谈论他在家庭之外的生活，但是从他的父母那里得知，他们也试图通过跟儿子一起玩的其他孩子的父母那里了解点儿情况。当乔纳森因为持械抢劫被控告时，他的父母难以置信在警察局看到的是他们的儿子，那时的他需要一名律师、一个监护官，还要接受戒毒治疗。突然之间，他们更加确信之前一直对乔纳森朋友的怀疑，认为那些孩子正是他们儿子变坏的原因。

另一方面，15 岁的彼得，在他成长的环境中，邻居中的大部分孩子都在十二年级之前就辍学了，靠失业补助生活的人比拿工资生活的人多。他的母亲大多数时候都在睡觉，很少了解他的三个儿子，关心他们的去处。彼得有很多朋友，不吸毒，不抽烟，也几乎从不惹什么大麻烦。因为他最小的弟弟在学校因饥饿、疲劳而且需要洗澡被发现，儿童与家庭服务中心去他家进行调查时，彼得在门边会见了社会工作者，并且向他们解释他的母亲只是身体不太舒服而已。当他不在家中承担家长角色时，他会在学校、街头或是当地的青少年中心打篮球。有时候他更喜欢和工作人员一起出去闲逛，帮助那些更小的孩子。彼得就像个扫雷舰一样在邻里间巡视朋辈群体，对任何可能会发生的问题都会很警觉，但这只是彼得自己讲述的关于他的故事。社区中调查他的人则认为他经常游荡在街头，断定他也经常惹麻烦、吸毒、跟他的朋友一样经常逃学。彼得开玩笑地说，如果他只是一个坏孩子，那事情则容易得多。否则，他就不需要不厌其烦地让人们相信他。

艾利森的生活与彼得的大致相同，只不过她是被社会服务署从她父母那儿接走，安置在一个又一个集体家庭里。她所做的一切都是为了能够在那些家庭中生存，成为小团体中的一员，成为一个突出的问题青少年。她如预期般成为一名“集体家庭的孩子”，直到她遇见了贝基，他比大多数人都拥有更自由的思想，他让她的母亲允许艾利森和他们一起生活。艾利森发现贝基家里是个非常安全的地方，她可以在这里努力尝试做一个和从前不一样的人。唯一的问题就是，社会服务署并不相信眼前这个满嘴脏话的孩子能在这样一个非结构化的环境中生存。因为面临艾利森随时会逃跑的威胁，他们没有任何选择余地，最终同意让她生活在这个无寄养资格的家庭里。然而，当艾利森重返校园、戒掉毒品并自觉服用避孕药时，除了她之外的所有人都大感意外。

一个困惑

我们尝试着去倾听困扰人们多年的问题，一开始用弗洛伊德的治疗方法，让他们躺在沙发上，让他们自由联想。问题就在于，弗洛伊德和他的追随者们从来没有关注过来访者们如何解释他们思考的东西，而是专注于去了解他们是什么样的人。他们更相信病人所说的，而不是关注他们所经历的，这是他们作为助人者看世界的方式。对今天的我们来说，更加难以置信的是，弗洛伊德从不相信他的女性患者真的遭受过虐待，尽管她们谈起过早年被父母和其他人强迫的性经历。弗洛伊德却把她们的故事认为是她们的幻想而不予理会，就像我们轻易地无视青少年的故事一样，青少年会告诉我们他们在监狱里如何打发时间，享受在越轨的朋辈群体中的归属感，享受毒品带来的麻木感。如果我们要帮助他们，阻止孩子们的这些问题行为，我们首先需要消除偏见，这样才能听到孩子们的心声。

法国哲学家和社会学家米歇尔·福柯给我们提供了一个比弗洛伊德更好的方法去理解他人的经历。他将心理健康、失常和混乱解释为指向别人的权力。当那些没有权力的人被专家系统判定为“不健康”的时候，他们也就成为了强制控制的牺牲品。孩子做坏事就会被当成坏小孩，虽然我们轻易地忘记了此时此刻我们说的“坏”在我们年轻的时候并不认为是那么坏。失常行为是我们这个时代的产品，也是我们思考青少年的方式。

在我成长期间，学校操场上发生的欺负行为是一种可以被学校讨论研究的问题，或者很容易视而不见的事情。现在来看，这样的举动会被视为“行为失常”的表现，这是一个不幸却又很模糊的标签，毫无意义，除非一个孩子什么也不做。这意味着一个孩子不会按照别人的要求去做这做那，而是我行我素。但在今天，欺负这种行为也很可能会与犯罪司法系统或者是心理健康专家牵扯上关系。在很多案例中，我都为这种改变欢喜，因为我们已经越来越善于保护这些暴力行为中的受害者了。

然而我们不应该忘记的是，当我们将欺负行为非法化时，也会促成欺负者拥有更多权力。我们通过更多常规化的手段应付这些孩子，并告诉他们，他们会与他们想表现出来的样子完全一样。他们告诉我，我们对校园暴力警惕性的提高和零容忍政策已经让自认为是小混混的青少年变得越来越多，也越来越致命，因为他们都愿意接受给自己扣上危险和违规的帽子。监禁或开除可能会对受害者起到保护作用，但无论哪一种都不能阻止欺负者在离经叛道的道路上拥有更强的权力感。

听问题孩子解释他们的世界并不是我们的优势。我们真的想相信他们——那些在哥伦拜高中杀了自己同学的孩子，或是选择在街道上以清洁来往汽车挡风玻璃为生的孩子，或是那些躺在邻居的沙发上日渐消瘦的、未受过教育也没有工作的那些不起眼的孩子——的行为都是因为一些问题导致，然而我不再确定情况就是这样，也不确定我们提供给他们的帮助对他们而言是否有意义。

不要相信你读到的

尽管我们今天看到的青少年的行为方式是这样，但是数据表明，大部分孩子都比以前做得好。青少年犯罪率下降、吸毒率下降、待在学校的时间更长、更多地意识到了全球共同体、对政治的兴趣提高、比青少年时期的我们更懂得避孕，甚至吸烟都减少了。但是仍然有小部分问题青少年和危险青少年有着可怕的欲望，每晚都会出现在新闻上。我们看到的“害群之马”让我们相信现在的孩子比我们年轻时候做出的选择更坏。对于像安娜这样的充满了困惑的很多父母来说，作为孩子们的监护者，我们与孩子们之间的抗争让我们忽视了大部分问题青少年身上潜在的健康特征。

一项又一项研究表明，这些青少年一旦得到表达自己的机会，就能获得身份感、自尊感、胜任感、价值感、家庭和社会归属感、看到希望以及得到欣赏，这些都是通过成为坏孩子而不是好孩子才获得的。我们为精心挑选的为数不多的几个“超级孩子”赋予了“抗逆力”的特征，却完全忽视了那些脆弱的“失败者”是如何像他们同伴一样应对高风险的生活环境的。以上抗逆青少年和脆弱青少年这两种群体寻求“健康”的目的是相同的，只是采取的具体行为方式有所不同。研究表明，青少年在越轨朋辈群体中能提高自尊感和解决问题的能力，善于与人交往，他们能感觉到自己生命的意义，而且遭遇心理健康问题的可能性比有着相同背景却独自应对的青少年要小得多。其他研究表明，机构内和机构外的青少年应对心理健康的策略并不是完全不同的，比如说他们都喜欢谈论自己的生活以及对未来的憧憬。因此，否认问题行为的积极意义不利于我们帮助他们改变生活的困境。

著名的儿童精神病专家和保护儿童倡导者保罗·斯特恩豪尔（Paul Steinhauer）深信，孩子们有诉说自己故事的权利，因为这是他们自己的经历。四十多年来，他一直帮助建立一个网络平台，让孩子们分享不与家人共同生活在一起时的经历。孩子们经常告诉他，他们觉得自己的世界与父母的世界有着不一样的规则。在寻找健康的过程中，高危青少年依赖朋辈群体产生并且发展了自己的身份认同，积极、有力并被大多数人接纳。也是基于此，本书很大篇幅旨在探讨在青少年朋辈群体中到底发生了怎样的故事。问题孩子们表示，比起不加入任何群体，花时间与他的问题伙伴在一起，哪怕是加入那些街头混混、自封的团伙或实际的团伙，也能让他们更有尊严、更有话语权、能学到更多解决问题的技巧。对很少有机会感受到真正“健康”的高危青少年来说，“功能失调”的朋辈群体能对高危青少年的生活产生积极的影响。不用说，这种有争议的说法对像安娜这种充满危机感的父母来说不能起到任何安慰作用。无论如何，它确实为高危青少年的专业干预打开了一个充满可能性的世界。

作为父母和监护者，我们能给孩子们提供机会去找寻他们自己体验抗逆力的独特方式。抗逆力是一个典型的个别特征，可以存在于一个孩子身上，或者存在于这个孩子的家庭和社区中。它能帮助一个处在多种风险因素中的孩子克服逆境，过上健康的生活。

艾利森因为与贝基的一次见面，加入了她的新朋辈群体，这给她提供了一个去书写不同故事的简单方式。彼得的生命故事表明，孩子生活的整个社区看待他的方式可以完全不同，可以是他的观众，见证他的优势和才能，或者是完全忽略他们。对乔纳森来说，在与他家庭传递的价值观完全不同的朋辈群体中，他体验到在家中从未有过的一种难以言表的归属感。如同梅丽莎，当她在其他地方无法获得权力和控制感时，她在家门口发现的街头文化可以成为一个很好的体验空间。在成年人眼中的问题行为往往是问题青少年做的第一个选择，因为他们正在寻找机会建立一种初出茅庐的身份或是寻求一种全新有力的自我。

今日的家庭教养方式

作为青少年的父母和照顾者，从他们还是婴儿和幼儿的时候开始，我们的角色一直是让人望而生畏又严格苛求的形象。正如芭芭拉·克劳罗塞（Barbara Coloroso）明确提到的，作为父母，我们对年幼的孩子和稍大一点的青少年所做的其实是一样的，即我们总是在他们身边，帮助他们做出更好的选择。孩子们在青少年的时候极度需要我们，即使他们身体上和情绪上看起来似乎都有点若即若离。世界变得越来越复杂，而且瞬息万变，我发现我身边的成人都很绝望，因为这些动荡的日子让他们无法再给孩子起到引导作用了。孩子们更愿意以流行偶像作为参照，而非长辈。我们可能错误地认为我们再也不被需要了，我非常不同意这一点。不管怎样，如果我们要与孩子们发现的新“真理”保持步调一致，我们就需要一种不同的教养方式。

好消息是孩子们知道他们需要成年人的帮助。他们很清楚地告诉我这点，很多次在我办公室，我都与正好在场的父母一起听到这个好消息。但是这也要求我们要持有一种不同的态度，要更加尊重青少年构建自己世界的方式。孩子们所面对的风险问题越严重，对他们监护者的要求也就更具挑战性。

曾经有一次，面对我的一个青少年工作对象，尽管所有测验分数都显示她“不健康”，但她却仍然成功地让我明白并相信了她感觉到的“健康”，我告诉她这让我感到非常的心神不安。她坐在那里，凝视着我，但片刻之后，她笑了。“克服它”是她给我的简短的建议，我也一直努力在克服。

我发现有时候我不愿相信孩子们告诉我的是什么，因为会动摇那种让我感觉舒服的信念。但与此同时，我看到了我身边所有的过失，给父母的建议越来越多，但这些很少征求过孩子们的意见。有一个很老的笑话，说孩子们从不看教养问题类的书。这种情况在这里不会出现，这本书的内容直接来源于孩子们。

下一步该期待什么

在接下来的章节中我们所介绍的是暴力的、自我毁灭的、越轨的、药物滥用的、行为失常的青少年，都是过去二十多年里在心理健康机构、矫正机构、儿童保护机构还有青少年志愿组织和街头遇到的对象，我既是一个专家也是一个外行助人者。很多孩子刚开始在学校都是优秀生，一些孩子在他们小的时候就在体育方面展现出了巨大的潜力。尽管所有人都始于同一条道路，因为某些原因有的人可能会陷入困境，那么他们的开始将会变得更加艰难。

这不是一本关于“好孩子”的书，尽管当你越了解这些青少年，你就会在他们身上看到其他的和他们有同样经历的孩子的影子。这些孩子中有很多，但并非所有人都生活在社会的边缘，也有一些孩子来自中上阶层。我们希望我们的孩子永远远离边缘。很多孩子都有着深爱他们的父母。总之，不管孩子们在我们成人生活中是否仍然是有意义的那部分，还是他们已经带着自己的规则转去了街头文化，作为家长和监护者，他们带给我们的思考都是有价值的。

这本书旨在传递一种希望，是写给家长、监护者、专家和其他任何关注孩子的人们的一本书，旨在帮助他们理解孩子、发现越轨青少年身上潜在的抗逆力和能力。同时，这本书也给成年人提供了一条如何走近高危青少年的途径，引导父母在不威胁孩子们的抗逆力的前提下，拉近与他们之间的关系。

每一章都会提出一些线索来解释当今的问题青少年到底发生了什么。我把解释孩子行为的章节和讨论用五种策略帮助青少年健康安全成长的章节交叉在一起。结论是作为父母、监护者、专家和外行帮助者，我们能一起做些什么来对问题青少年的生活产生积极影响。

第一章，“时过境迁”，着眼于我们相信孩子什么，有关他们的朋辈群体和让他们陷入了风险之中的因素。

第二章，“寻找真相”，思考我们如何用知识帮助孩子和青少年发现真实的自己。帮助他们免受他人的影响，成为“真实”的独立思考者。

第三章，“失与得”，调查青少年是如何通过问题行为挑战不健康的身份从而获得和保持健康身份。

第四章，“货比三家”，讨论了当我们鼓励青少年货比三家，成为不同朋辈群体和社会团体中的成员时青少年的收获。

第五章，“我好，你不好”，批判地看待我们所谓的心理健康的定义以及谁有权力决定一个孩子是否健康。

第六章，“复杂生命的故事”，向我们展示了如何去欣赏青少年讲述自己的复杂故事以及他们保持“健康”的方式。

第七章，“健康的偏差”，更仔细地观察了危险的、违规的、失常的和混乱的青少年，并揭示了他们是如何在朋辈群体中用问题行为来维持幸福的。

第八章，“接纳”，描述了作为成人，即使我们努力去改变他们，也要表达对他们这些行为的接纳的重要性。

第九章，“波涛汹涌”，讨论了很多孩子在艰难时期如何努力成长。令人难过的事实是，很多青少年每天都面对着被困扰填满的生活，但引人入胜的是他们解决问题的方式。

第十章，“停止责备”，告诉我们面对孩子们的问题行为，停止责备他们的朋辈群体是一个帮助我们走近孩子的重要策略。

第十一章，“推倒障碍”，指引并鼓励我们对我们的孩子充满希望，尤其是当我们听到他们教会了我们什么的时候。让我们知道我们现在能做什么，我们如何能将所有的社会资源整合在一起，从而使青少年的行为方式更容易被广泛接纳，并认识到那是一种具有抗逆力的健康的体现。这一章总结了我们现在了解的高危青少年身上的抗逆力是什么，并且基于这种新的认识，在没有参与障碍的社会中培育出“健康”的孩子。

第一章　时过境迁

我在前面提到的大多数像梅丽莎的母亲安娜一样绝望的父母，都不愿相信他们的孩子跟同样有问题风险的朋辈[1]群体交往，会给孩子的生活带来积极影响。我发现当我试图让父母们去理解和帮助这些孩子的时候，最好的方法就是先让他们回忆自己的青少年时期。不幸的是，时间和我们的记忆开了个玩笑。我遇到的一些父母只能记起他们做过的“不好的”和“愚蠢的”事情。还有其他一些父母过滤了这些记忆，因为与孩子们和我分享青少年时期他们所面对的艰难决定让他们觉得很尴尬。

这些记忆的流逝并不是早衰的象征，而是对事实的一种故意歪曲。他们推动了新的一波心理学家的出现，比如肯尼思·乔京将我们构建自己生活的途径做出了描述，依赖我们的文化和社会提供给我们的话语来描述自己和经历。相似的是，我们的记忆中不仅仅只有我们，也会有与其他人互动的共同记忆，因此那些与我们关系比较亲密的人也在和我们一起书写过去的故事。事情确实是发生了，但是如何记住这些片段并对它们赋予意义与我们生活的社会有很大的关系，因为它们塑造了我们

① 译者注：朋辈是指朋友和同辈，为简单起见，用“朋辈”一词表示。

的世界观和与我们亲密的人的世界观。我们的记忆依赖于特定历史时刻的语言来描述我们的经历，我们的语言也许能够或者不能充分描述过去的故事或是现在的状况。例如，“性虐待”这个术语在19世纪80年代早期才开始流行起来，这让人难以置信。在那之前，性虐待中的幸存者都没有一种语言可以去描述他们身上发生过的事情。他们知道有些事情是错误的，他们能描述他们身体上经历了什么，但他们不会认为所发生的事情是一种虐待和犯罪行为。这样来看，作为成人，如果我们把青春期看作一个冲突期，我们就会用那些术语记住我们自己的青春期。

安娜的一个糟糕的决定让她现在极度宠爱她的女儿梅丽莎。安娜在她17岁时遇见了梅丽莎的父亲布洛迪，他那时候21岁，是个酒鬼，有一双可爱的深棕色眼睛，穿着詹姆斯·迪恩（好莱坞青春偶像）的经典短款大衣，骑着一辆摩托。他坚信她是属于他的。对于一个生命中什么都没有经历过的女孩子来说这是一个很轻松的交易。当她怀孕之后，他们的关系就结束了。他说这个孩子可能不是他的，说她是个荡妇。安娜的生活就像那种老桥段一样的悲剧。在讲这段故事的时候，安娜流了很多眼泪。她有一个漂亮的女儿，她对梅丽莎的父亲毫不关心。她只是不想让自己的女儿重蹈她的覆辙。她确定她爱上布洛迪的原因仅仅是因为她厌倦了自己身边的同伴都有性行为，而自己还是处女这样的事实。31岁的她，那段时间痛苦的记忆经过这么多年还是存在，当年的她认为成为一个成年人即意味着有性经历。她确定她是在朋辈群体的压力下才去做那些她不想做的事情。

神奇的同伴压力

很奇怪，我从未遇到过一个十几岁的孩子，让其讲述自己的生活时，他或者她会把当时做过的事情解释为同伴压力的结果。但我遇到很多青年人，像照顾他们的成人一样，会把过去所做的事归咎于同伴压力。他们会确切地告诉我他们认为我想听的东西。但是如果我问这群孩子这些问题，比如说：你今天为什么这样打扮？你是一个追随者还是领导者？你会为自己做怎样的决定？你与你的同伴有什么不同？你独一无二的地方在哪里？如果是这样，我们的谈话过程会完全不同。

所有年龄的青少年，如果他们认为我真的在倾听，就会告诉我他们是如何独立做出决定的。他们也会告诉我，如果在成人看来，所有青少年的外观和行为都很相似的话，那是因为我们没有看到他们之间的不同。如果他们的穿着或行为与身边的朋友们很像，那是因为他们为自己做的这些决定是获得关注或接纳的最佳途径。在我的经历中，让孩子们承认他们如此穿着和行为是因为同伴压力，这是几乎不可能的。如果同伴压力的说法能让他们的听众满意，他们就会默许这种说法。但是当他们一天天地解释他们做了什么和为什么这样做的时候，他们就告诉我同伴压力其实没有起到任何作用。我选择相信他们。

虽然花了一些时间，但安娜和我最终还是对困扰她的青年时代进行了回顾。没有谈论她与布洛迪之间关系的悲惨结局，而是聊了这段关系的开始。突然间，似乎阳光抚上微风一般，她的语气和态度都变了。她在我面前倾吐了多年来的内心，直到我能像看清她的女儿一样看清她。安娜害羞地告诉我，当布洛迪选择她做他的女朋友时，他是如何在他所有的朋友面前炫耀的。她与他一起骑自行车，享受地站在他的影子里。这让她觉得回到青少年时候，想象自己成为时装模特的那种感觉。还有其他的男孩子也喜欢安娜，那些男孩不喝酒，不骑自行车，跟她年龄相当，还在读书，但是布洛迪是让她感觉最特别的那一个。

同伴压力的神奇是流行文化的一个重要组成部分，导致我们几乎无法听到孩子们对我们说的。一项又一项研究一直关注同伴压力的问题，从未停止过询问孩子们最初是否源于父母的捏造。不管怎样，当国际研究表明孩子们实际上在朋辈群体中提高了自尊感，而且有小部分孩子当他们与朋友们一起喝酒、吸毒即行动一致时，他们的状态显得更加健康，然后我们的解释偏离了结果。不去问为什么和越轨的同伴交往会增强幸福感这种棘手的问题，我们反而会试图去阻止这些交往。我们天真地认定孩子们会找到其他更合适的关系，如果我们带他们远离问题孩子，他们的行为也会有所改变。可是我们遗忘了自己的生活教给我们的经验：即便是行为恶劣的问题群体也会给同他们交往的孩子带来积极的影响。

很明显，逆境中的孩子是按照自己的意愿向问题同伴靠拢的。我们越是理解这一点，就越能为孩子们提供适合他们认识的世界的选择。美国心理协会的研究员詹姆斯·科因（James Coyne）一直在研究基因检测对女性患癌症风险的影响。与流行的医学观点相反，这些妇女在获得她们所需要的信息时，没有经历过太多的压力或是绝望。实际上，科因和他的同事发现，这些妇女生活中最大的压力其实是来自侵入性的心理学家，因为他们坚持在分享检测结果之前就给她们提供咨询，高危青少年的情况与此相似。当我们认真倾听了他们的需要，传递对他们有意义的帮助方式时，才更可能做出正确的决定，给青少年提供实际有效的导向。这听起来似乎很简单，但实际上我们一直不愿给予青少年（或是妇女）表达声音的特权，尤其是当我们不喜欢他们所谈及的内容的时候。

这对我们很多成人来说是毫不意外的，因为我们对青少年的行为方式都是相似的，但需要以尊重的态度控制我们的言语和行为。当我们为了打破日常生活的单调去寻求风险刺激的时候，我们会选择赌博、酒吧、抢劫商店还有婚外情。这些行为让我们体验到生活中其他地方找不到的东西，即使每一种行为都会在一定程度上让我们妥协。

我们无法相信在我们的生命中，有一段时间我们是远离社会压力之外的。一旦最新的青少年流行趋势席卷到我们身边（如锐舞、说唱音乐、折叠滑板车、校园枪击），然后我们很快就会错误地判断因为社会压力，导致所有青少年的行为都是相似的。同伴压力怎么会不存在呢？难道我们都没有经历过同伴压力吗？难道我们中的一些人没有因为被其他孩子影响而感到绝望的记忆吗？难道我们没有看到当今的青少年群体都是千篇一律的复制品吗？他们的文化、着装、习惯和态度都是一样的。不管怎样，作为成人，我们看到的东西并不是青少年自身所经历的，他们受到的同伴压力不比当年的我们小。

反而，他们很乐意去解释，通过朋辈群体，他们能利用可得到的机会获得身份、增强自尊，还有维持幸福感。如果这意味着他们沉醉于作为朋辈群体中“坏小孩”的身份而存在，那么就这样吧。他们认为变坏比成为一个普通的失败者要好得多。他们故意忽略了在这些朋辈群体中可能会发生的所有危险和痛苦的事情，否认一些消极后果，因为从中的收获是有价值的，并且能够满足他们的需要。

“不是我的孩子！”

我们的流行文化一直在试图为孩子们的问题行为寻找替罪羊。孩子们之所以会出现今天的问题，一定是某些人的责任。但是越轨的原因却不是那么容易判定。凯瑟琳·凯丽（Katharine Kelly）和马克·托顿（Mark Totten）最近的一本书调查了19名在青少年时期犯过杀人罪的人。另一本约翰·黑根（John Hagan）和比尔·麦卡锡（Bill McCarthy）的书叙述了在两个北美城市对390名街头青少年的访谈。除了这两本，还有其他很多相似书籍，都没有最完美、最确定的结论。问题孩子可能在富裕的家庭长大，也有可能来自贫困的家庭；一些孩子遭遇过虐待，也有些孩子没遭遇过；一些孩子有精神疾病，而另一些在幸福感测试中却获得了较高的得分。确实，有一些因素（比如受虐待的经历和贫困是导致问题的两个普遍因素）对越轨的预测效果比其他因素要好得多，但是关于一些其他的可能性影响因素的研究已经非常之多了。把责任归咎于孩子或父母，在某种程度上能减少问题的复杂性，但很少能够生成及时有效的干预措施，对每天都应对着问题青少年的父母来说，帮助是微乎其微的。但如果我们只是在寻找一个简单的答案，那与其他孩子比，谁更应该为我们孩子的问题行为负责呢？

珍宁和菲利普是我在工作过程中遇到的两个很纠结的父

母。菲利普是非洲血统，已经做了 20 年的军事警察，而珍宁是爱尔兰血统，过去 20 年的大部分时间都在照顾家庭，经营着一个室内装修的小公司。他们有五个孩子，较大的孩子遵循着一种几乎可预见的犯罪行为模式。当他们家第二个儿子，17 岁的肖恩跟随他的哥哥因为偷车和藏毒被拘留的时候，我认识了这个家庭。

这并不是我第一次接触受过法律制裁的孩子。当他们发现自己的孩子惹上了法律问题时，他们比其他父母感到更加耻辱。对菲利普来说，第二次去青少年犯罪机构接他的儿子是他无法避免的窘迫，这让他几乎痛苦到难以表达；但是尽管觉得很丢脸，他还是去了。在等待审判的漫长时间里，他一直处于愤怒状态，直到他将肖恩接回家。菲利普看起来非常疲惫，这完全是超出了他掌控范围的问题。珍宁却不是这样，对她来说，这是一次战斗的号令。如果以前她就爱对孩子们的行为进行干涉，保证他们循规蹈矩（肖恩是这样描述她的），那么现在肖恩遵守法律条文规定的释放条件让她变得发狂。

肖恩告诉我珍宁和菲利普为他的行为到底应该是谁的责任争论了很久——珍宁说菲利普对儿子们太仁慈，菲利普说她比他还像个警官。当他们无法争论出结果的时候，就将矛头转向了肖恩的朋友们，他们大部分都来自城镇的其他地方，学校官员都认识他们，并且大部分都被当地警察定义为“问题”孩子。当珍宁和菲利普确定儿子们是被他们的朋友们引入歧途时，他们就不再相信儿子们的问题是由家庭原因导致的。

我已经很长时间不为“责任归属”这个无谓的争论去应付了事了。坦率地说，虽然有很多心理学理论将肖恩的情况解释为同伴或父母影响的结果，但是我更感兴趣的是肖恩对自己为什么进监狱的解释。肖恩告诉我，他享受作为一个小偷和吸毒者的生活方式，而且对他和他的朋友们来说，在监狱中待那么一点时间“没什么大不了”。他早已知道，进监狱对他的父母来说才是一个重大的问题。正如我们都知道的，对于他来说，唯一的问题就是他惹上的法律纠纷越多，他的父母就越是唠叨，同时对他施加更多的限制。

但是我不会把孩子的行为归咎于他的同伴。我总是很好奇，像肖恩这样背景的孩子是怎样和一群不把进监狱当回事儿的孩子们走到一起的。作为父母，我们几乎没有问过孩子们他们的选择。我们可能问过他们类似的问题，但是我们的话语总是带着很多的批评，这就导致和孩子们的沟通还没开始就被扼杀了。

在后面的章节中，我会更具体地介绍像肖恩这样的孩子是如何解释他们对朋辈群体的选择。这里的重点是肖恩的父母看到了肖恩没有看到的问题。对肖恩来说，他的生活方式给他带来了他需要的所有东西，能让他感到满足。尽管他有不良行为而且还被监禁，但是他说他发现了一种比在家中更能控制自己生活的途径。

我们不需要成为经过培训的婚姻和家庭治疗师来问我们自己和我们的孩子：“有什么问题吗?”“是谁的问题?”比较典型的就是因为孩子的问题不堪困扰而急切来我这里寻求帮助的父母；孩子不对这些问题承担任何责任，而且他们拒绝寻求更好的解决方式。来到我办公室的父母都是满怀担心、焦虑、生气和悲伤，而且理由都很充分。但他们所判定的问题很少是与孩子们共同商量后得出来的。事实上，孩子们拒绝回家的一个原因是因为家里让他们没有归属感。

问题就像是一头大象待在客厅中央，占据了很大的空间又制造了很多的麻烦，而且它破坏了家庭成员每一次在一起分享欢聚时光的可能。此外，这头大象需要很多的关注和照顾。每个人都必须发挥自己的作用，而且事实上，不管孩子们承认与否，就像他们的父母一样，他们对大象也应承担责任。作为家庭一起生活的人，他们的问题不会是仅由自己造成的。

当孩子们在家中对问题感到厌烦时，他们就会逃离到街头。当他们对同伴的问题感到厌烦时，他们就会回到家里，或者去工作，或者去学校，或者试图加入新的群体。孩子们告诉我，他们在寻找一条让自己获得个人满足感的途径。他们的问题行为并不是在盲目追随同伴，而是在有意识地寻找最佳方式来表达个人的抗逆力，来应对生活中的压力。

误入歧途

秘诀的揭穿让我们感到不愉快，犹如我们思考世界的一个基石被摧毁了。很多能在神秘性的笼罩下获得既得利益的人仍保持着这种神秘性，比如我们对孩子们所说的“同伴压力”。我在广播节目中曾经就通过增加街头的警察数量和依靠法律执行官来解决青少年问题的这种方式产生过质疑。当孩子们一旦成为警察干预的目标，就会传递给他们这样的一种信息，即他们真的就如人们所说的那样危险而且难以驾驭。我总是看到公众们被香烟广告商愚弄，这些广告商通过试图让青少年相信吸烟是一种成人行为，他们应该等到成年的时候才能吸烟，来发起阻止青少年吸烟的活动。但对青少年来说，没什么比吸烟更具诱惑的了。加拿大医学协会近期的一个针对此类活动的声讨引起了公众的关注。但不管怎样，这个问题还是存在。吸烟和其他可能会对年轻人造成危害的行为（比如过早的性行为）都被营销者包装为一种成人行为，但越是这样做，就越是对青少年产生吸引力。

青少年寻求各种方式宣告他们的成熟和身份，但这个世界只是看到了他们的幼稚、无能，或者有潜在危险，以及误入歧途。在这种神秘的雾纱下，我们将青少年视为软弱的追随者和被误导的傻瓜，而我们对他们的干预，如更多的警察、更多的控制、更多的惩罚、更多违法青少年和问题青少年的身份，往往导致我们之间问题变得更加严重。

这是他们想要的身份。最近，一个英国的研究小组发现，随着手机使用率的增加，吸烟率明显降低了，尤其是对那些个人有手机的青少年而言。研究者们相信，使用手机和吸烟这两种行为都能满足青少年相同的需要，而且在他们生活中占据着相似的地位。在英国，几乎 70% 的青少年都有手机，吸烟是否将丧失它的吸引力还有待进一步观察。当我们倾听青少年诉说自己的故事时，这些信息变得有意义了。在他们的研究中，青少年最后寻求的方式到底是吸烟还是手机都无所谓，关键是青少年会从现有的选择中找到可以让他们自我感觉良好的行为方式。

这与我们作为他们的家长的行为有什么不一样吗？作为拥有自驾车的城市居民，我们不禁想知道成人是否也和孩子一样不断追寻身份地位。

行为并非总是能够得到理解，但我们一直在努力帮助他们寻找意义，获得身份。然而当我们教导孩子们停止吸烟、停止性行为、停止打架或停止酗酒时，这个事实似乎又被我们抛弃了。在他们成长过程中，我们又给过他们什么机会让他们相信自己能够在其他方面充满能量?

我们需要寻找途径去接触像肖恩这样的青少年，通过这些途径达到我们彼此共同期望的双赢的结果。进我们所能去改变孩子，但是除非我们能站在他们的角度去理解他们的策略是如何发挥作用的，否则我们可能会失败。

风险和抗逆力

我们的孩子们——既包括生活在社会边缘的孩子，也包括那些与监护者一起生活在家里的孩子——面临着很多风险。风险因素包括孩子的个人性格特征以及可能出现问题的外部生活事件。不管怎样，根据知名发展心理学家安·马斯滕（Ann Masten）的解释，一些人处于“风险”或“高风险”环境之中，这对个体来讲其实没有任何影响，只不过总的来说，他或者她与一群其他的孩子一样，他们的成长会伴随着更多的问题。所以，你的孩子可能处于风险之中，可能每天的生活环境和我们提过的其他孩子相似，但你的孩子仍然健康，也避开了同伴的诱惑。

关于这点有一种想象是把每个孩子都看作是一个旅行者，他们在尝试从一个城市到达另一个城市。一些孩子走得很快，另一些还是懵懵懂懂，可能永远达不到成人的期望。也许会面临风险因素，也许没有，但它能够让这段旅行或多或少有点危险性，或多或少有点坎坷，甚至也有可能决定一个孩子是否会到达他的目的地。

虽然对于任何一个孩子身上将会发生什么我们无法确定，但我们能够通过研究面临相同风险因素的一群孩子和长期观察他们的发展过程来预测他们的旅行是如何成功的。换句话说，我们能对一个高风险孩子最终会怎样做出一个合理的猜想。每一个人都具备表达自己的权力和决定自己生活方式的能力。当我们讨论某个个体的特别的风险因素时，能够准确地谈到那个孩子的脆弱性因素。同时我们可能也想了解孩子的个人能力，以及能减少风险、不再对生活产生消极影响的因素。

19 世纪 80 年代早期，诺曼·加美滋（Norman Garmezy）和他的同事们作为先驱者将研究热点转向了风险中的抗逆力，对战乱国家的孩子以及西方稳定国家的孩子进行了追踪研究。而且最近，我们业已见证了关于抗逆力个体生活的大众化文学的爆发：包括弗兰克·麦科特（Frank McCourt）获得普利策奖的小说《安戈拉的烟灰》、昆西·乔斯（Quincy Jones）的《Q》、埃里克·韦恩梅尔（Eric Weihenmayer）的《触摸世界之巅》，还有德尼丝·周（Denise Chong）的美术作品《画中的女孩》。金芙的故事展现了孩子们克服逆境的顽强精神。研究表明，三分之二生活在逆境中的孩子都能在没有干预的情况下顺利成长。每当提到高危青少年，我就会谈到成长在危险环境中的青少年，或具有典型问题特征的孩子，这使我们期望看到孩子自身的脆弱能超越他们的优势。然而，这中间的很多孩子都将会让我们惊讶。

正如我们将要看到的，优势和弱势的标志都会被旁观者看在眼底。未来充满高风险问题的孩子可能会将生活中的风险因素发展为他们的优势。除非我们能理解孩子们每天是如何应对生活的，否则我们真的无法对风险因素如何对一个孩子产生影响做出更多的解释。正如之前提及的，长期被认为会对青少年生活产生消极影响的一种风险因素是他们与其他问题孩子的交往。

伴随着秘诀成长

当我还是个青少年的时候，我就对同伴压力和童年时期的其他秘诀产生了怀疑。我现在三十多岁，早已远离了自我发现的混乱期。但似乎是在上周，我回想起来，在我从一个孩子直到成为一个年轻男人的过程中，当成人尤其是我的父母，每年都在叮嘱我要“为自己考虑考虑”以及“不要做与其他人一样的事情”时我的气愤。

像其他每个孩子一样，我知道或者我以为我知道，同伴压力是存在的，而且对我满足的生活现状产生了威胁。我成了一个“追随者”。我与我的同伴一样被贴上了“追随者”的标签，对于在中产阶级社会极其独立文化中成长的我们来说，这是最大的侮辱。在小团体还没有现在的媒体和大众营销现象的时候，我和其他大多数同伴是一样的。彼此越来越像让我们感觉到了隐约的不安。我们想买一样的衣服，用相同的方式说话，时刻紧跟潮流，我们的确都这样做了，所以我们那时候以为我们的个性都很危险。

回过头去看，那时候别人告诉我们不要成为同伴的跟随者，要尽可能“适应”成人，因为我们未来的成功要依靠他们，现在想想觉得很讽刺。如果我们有幸健康地成长，那应该只有一条途径。我们在无菌教室里按照顺序规规矩矩地在桌旁坐好，然而我们充满能量和活跃荷尔蒙的身体，让我们变得激动狂烈。基本上我们将自己扭曲成为别人认为适合我们的样子。

我从不将此类一致性称作同伴压力，因为它不是来自我们的同伴。它只是简单地作为“做事的正确方式”被推给我们的青少年而已。我发现这点很奇怪，我们总是倾向于谴责毋庸置疑的群体思维。但是话说回来，我们只是谴责那些与我们的主流价值体系不一致的想法。巴西的社会活动家和倍受欢迎的教育家保罗·弗雷德（Paulp Freite），一直致力于鼓励被残酷的社会和经济压力压制的农民重新考虑他们的观点，他们与那种掌控着权力的人不同。他通过教会他们基本的读和写，让他们能够通过语言描述自己的生活。青少年教育学家们为他们提供了一种反压迫的语言体系来记录他们的生活状况，比如说那些研究同性恋者（男同和女同）、双性恋者和变性青少年的教育学家们，他们发现年轻人有能力为自己谱写全新的、创新性的故事，并且比其他人告诉他们的还要有幸福感。

每个家庭、每个群体中青少年的故事都不尽相同。不幸的是，每个故事都是为了引导年轻人的行为。当我长大成人，仍然为自己的个性留有空间。我们一定能够成为我们想要成为的那个样子，哪怕那代表一份好工作、一个家庭、孩子们和对全球经济的支持。重点是最后变成了什么样子，而不是过程。

秘诀的终结

被普遍使用的术语“同伴压力”是指不管个体是否愿意，同伴之间相互产生压力去做某些事情。这个概念简单的令人惊讶，也许可以解释为什么从父母到专家，他们每个人都有庞大的追随者。“同伴压力”这个概念基本上是没有争议的，似乎每个人都知道它存在的必然性，都谈论过和书写过。然而背后的事实却是，通过与家人之外的其他人交往获得生存的力量往往会被忽视或被诋毁。没有人真的愿意相信让成年人如此苦恼的朋辈关系是青少年个人抗逆力的一种途径，是逃离问题家庭、枯燥或危险社会的一个避难所。

现在我确定同伴压力并不存在。这只是成人用来解释青少年问题行为的一种虚构，青少年的问题行为也是源于他们想寻求个体和社会地位。这种表述对生活在“黑手党”、“新纳粹分子”和“魔女游戏”（The Craft，1996年美国的一部电影）时代的我们大多数人来说，可能是一种挑战。似乎很明显，现在的孩子彼此影响，就像我们年轻时被同伴影响一样。但是当确定我们青少年身上的这种压力似乎来自他们自己的朋辈群体时，远超过青少年人数的成人就会教导孩子们该怎样做。MuchMusic（一个老牌的音乐节目）、网络和全球化的经济与同伴一样对青少年产生了很大的影响。正如知名记者和儿童律师维克多·马拉克（Victor Malarekck）所说的“我们在有效地经营着孩子的灵魂”。但是这些力量，比如朋辈群体，只是一个孩子选择他自己身份的众多影响因素之一。

对同伴压力这个概念的挑战意味着问我们自己什么是一个

健康的身份，更重要的是，谁决定哪些身份是健康的，哪些不是健康的。我发现从青少年身上可以了解到，大部分的身份建构都与心理健康咨询、社会服务和社区及矫正系统有关系。他们一遍又一遍地被告知，他们有很多“问题”，不符合社会标准，是“功能失调”的，而且表现出了“混乱”行为的征兆。但恰巧青少年群体又让我们知道了青少年是如何利用同伴关系和问题行为构建了自己的健康身份，来抵抗成人给他们的“不健康”标签。尽管我确定需要去适应压力，但这并不代表孩子们在没有问过“这是不是适合我”的情况下就服从其他人，做他们让做的事情。

成年人施加在青少年身上的压力比起同伴要多得多，青少年的期待在社会制度中被埋置。在青少年与长辈接触较多的地方，比如学校、社区中心和低薪工作的地方，长辈们明确地告诉青少年什么样的行为表现是他们所期望的。所以我们认定青少年的朋辈群体中也存在相同的社会化过程，孩子们听从小组教唆而采取行动。如果我们专注倾听青少年自己的声音，他们会告诉我们事情不是这样的。

相比成人操控，青少年在朋辈群体中能获得更多的力量。部分青少年可以通过与同伴谈判来争取自己的身份。我说部分是因为青少年的能量并不是均等的。一些青少年能比其他青少年争取到更高地位的身份。儿童作家罗伯特·马修（Robert Munsch）的非童话故事作品《纸袋公主》已经卖出去了超过1，000，000万本，很惊奇吧？在马修的故事中，穿着昂贵公主装的漂亮公主伊利莎白（Elizabeth）正要和罗纳多结婚的时候，一条龙毁掉了城堡，烧了她所有的衣服，还掳走了罗纳多。公主非常愤怒，穿上唯一没有被烧毁的纸袋子，一路追踪这条龙，最终用计谋打败了它，救出了王子。但是罗纳多王子却表现得与伊丽莎白公主没有任何关系，还对公主说："你简直一团糟！闻起来像灰烬，头发全缠在一起，还穿着一个又脏又旧的纸袋子，变回你原来公主的样子吧。"为了维护自己的荣誉和所有像她一样的年轻人的荣誉，伊丽莎白告诉罗纳多，他是一个"流浪汉"，并且最终决定不与他结婚。

当然，一些青少年比其他人好很多，就像那个虚构的人物伊丽莎白，他们更幸运、更有才华、更富有、更自信，或者只是有更好的基因。无论是什么情况，建构一个健康的身份需要资源，既包括内在的也包括外在的。一些青少年，就像彼得，我在介绍中提过的一个孩子，虽然他的母亲患有抑郁症，他却是个充满责任感的儿子，而且很轻松地为他的朋辈群体创造了很多能量。

梅丽莎的情况不是这样，尽管她和一群犯罪青少年厮混在一起，但她的确想作为"预备员"成为群体的一部分。梅丽莎所有的希望就是成为群体一员，但来自单亲家庭并且靠社会救助生活的情况对她非常不利。在梅丽莎的世界中，除非她能找到一个途径让自己变得有钱，否则她会一直是富有孩子群体中的局外人。她还说，对他们来说，她的经历只是又一个"慈善事件"而已。除此之外，在一个不利的环境中成长，即使她能变成有钱人，那她是否就真的能在那个圈子里混得如鱼得水呢，或者哪怕只是在这个跟自己文化背景完全不同的环境里感到自在都未必可以。可能，只是可能，违规相对她来说会更容易点。

几年前，我设法给几个青少年弄到了几张舞台剧《圣诞故事》的免费票。因为这些孩子大部分都来自低收入家庭，所以毫不奇怪这是他们第一次来到这么漂亮的剧院，坐在人群当中，自己的身份让他们感到有点害怕。我黯然地记得，阿曼达来的时候是那么紧张，阿曼达是个聪明漂亮的年轻女孩，跟酗酒的父母一起住在廉租房，生活环境实在令人绝望。她为了这个场合特意打扮得很得体，穿着海军风的连衣裙和白色衬衫，红色的长发。我在中场休息时问她是否喜欢这场演出，她责怪地看着我说她觉得非常不舒服，还嗤笑地告诉我“我不属于这里，我跟这些人不一样。”我努力让她相信事实并非如此，但阿曼达怎么都不相信人们会认为她属于这种地方。

据我所知，阿曼达从未找到回剧院的路。我最后一次见她是在她 20 岁的时候，已经是一个带着两个年幼孩子的单身妈妈，有明显的厌食症，丈夫是一个 35 岁的因过失杀人而入狱的嗜酒徒。她回到的这个世界是她可以掌控的。她了解这个世界的规则，虽然暴力和毒品让我觉得非常不舒服，但她却相信她是属于这个世界的。

我们讲述的故事

同伴压力的秘诀和“坏”孩子做坏事儿的其他秘诀没什么不同。约瑟芬・坎贝尔（Joseph Campbell）的一生都在四处旅行，收集和比较不同文化中的故事。根据他的研究，简而言之，秘诀其实就是故事，通过分享让我们的世界变成一个可预测的、有序的生活环境。带着这份力量，秘诀几乎是不知不觉中渗透到我们的语言中，导致我们盲目地从一个假设跳到另一个假设。例如，另一个耳熟能详的秘诀就是：努力使人进步。在我现在居住的沿海地区，捕鱼业仍是文化和经济的一个重要部分，这个秘诀通过无数故事代代相传。短篇小说家大卫·威尔（David Weale）收集了一些民间智慧，写下了这样一个故事：

来自某地区的两个渔夫在船上度过极不成功的一天之后回到港口。其中一个渔夫开始悲叹少得可怜的捕获物和低廉的价格。他抱怨道："耶稣啊，玛利亚啊，约瑟啊，我们整个春天都是这样，几乎没什么收入啊。"

"啊，不要抱怨"，另一个男人说道，"还是感谢我们能有这样的工作吧。"

当我听到这个故事的时候，我会想象到一个老人和一个年轻人，他们之间也会上演相同的代际之间的误会，在我工作的过程中我发现它们如此相似。像同伴压力的神秘，或是其他的我们所坚持的错误想法，努力就会有价值这个秘诀在我的社会甚至是在时局艰难和就业困难的年代都是毫无疑问的。很多我接触过的青少年，他们所在的家庭和社区资金有限、机会匮乏，因此"努力就会成功"这种说法似乎不太站得住脚了。

要理解秘诀是如何维持我们所认为的顽强，就需要用一种欣赏的眼光看语言本身是如何运作的。没有话语和语法，我们就无法告诉别人我们有过怎样的经历。我们无法思考发生的事情，更不用说用语言将我们的经验描述给别人听。我们很多人想当然地将语言当做我们自身的一部分。我们相信孩子能学会表达自己头脑中的想法，但事实上这不是语言的运作方式。如果没有话语的描述，他的经历相当于不存在。

比如红十字会，像很多其他机构一样，通过去学校培训青少年什么是虐待行为，来阻止虐待儿童事件的发生。他们会逐字地教给儿童一套全新的语言来描述自己的经历。在这些培训结束之后做的匿名评估表中，我发现一个又一个的青少年争着用新方式描述自己过去的经历。过去被孩子们描述为合理“管教”的东西现在开始被正确地理解为“身体虐待”，这都是因为青少年有了表达自己生活世界的不同语言。对一些人而言，这些培训还帮助他们去区分心底的疑惑，监护者对于他们的“身体触摸”是“爱”还是“性骚扰”。虽然弱势青少年可能已经接受了从前施虐者对他们这种行为的定义，但是这种教育能帮助他们找到一种新的更强大的话语去表达自己。

要理解支撑着问题孩子们的秘诀，也需要对权力这个概念抱以欣赏的态度。我们每个人都在创造语言的意义，同时也在间接地证明着秘诀的真实性，但这些秘诀是否当作事实被接受要看是谁掌握着主要话语权。就像两个渔夫的故事和较多的受虐者的自我曝光表明，往往年长者和掌权者对我们世界的描述是最有说服力的。

如果同伴压力只是用来证明成人对孩子们行为的误解，那我们如何解释青少年之间这明显的一致性呢？如果青少年的身份没有受到彼此影响，那怎么可能他们的“外观”和“行为”都那么相似呢？如果同伴压力不是他们决定自己要成为什么人的影响因素，那青少年是如何建构他们的身份的呢？其实，一个青少年的身份是通过与同伴、家庭、社区的关系来建构的，但这种动态的建构方式大多数时候被忽视或误解了。这是另外一种更好的方式来理解成人所见到的现象。

趋向一个健康身份

如果让因持械抢劫入狱的乔纳森给父母们传授育儿经验或者让他获得大家的钦佩，可能会让人觉得很奇怪。但乔纳森对自己有着准确的定位。我曾在一个司法系统的精神病机构工作，那里是专门为有精神问题的违法青少年接受治疗而设立的。房间里采用了柔和的蜡笔彩绘，可以帮助青少年心情平静，并且采用了斯巴达式装饰，设计清晰又有效。住在这里的青少年的"房间"门是带磁力锁的。每个青少年都有一个自己的小空间，里面的窗户都是牢不可破的。外面的金属线圈是为了使孩子们知道他们是在一个拘留地，即使这不是在监狱。每个生活单元，或是"小别墅"里都住了 10 个青少年，而且每个青少年都会配备一个社会工作者，每一班次配两个青少年工作人员。整个氛围很友好，但是也很严格。在外面看起来似乎不太重要的事情在这里就变成了非常重要的特别待遇。比如一个巧克力棒或额外的一碗奶酪通心粉，额外的几分钟的电话时间或在封闭院子里独自自由散步的时间，这些珍贵的奖励只有在理应得到的时候才会发放给某个人。我经常会想，如果我也是住在这里的一员，这个地方可能会让我疯掉。

乔纳森不这么想。他告诉我，他喜欢这个地方能够自己预测安全感，知道他要做的就是早上 7 点起床，做家务，吃饭，去学校，做些运动，与他的治疗师会面，在房间待一会儿，然后就去睡觉。几乎不需要做任何决定，没有人会压制他。和他一起的其他孩子可能尝试过让他离开，但被他无视了。他很友好，但情绪化的冷漠却使其他人都跟他刻意保持着距离，他孤寂地度过每一天。在机构里，他规律地上学，而且很可能通过考试——这是一个重大成就，他这样说道。

他的父母和女朋友去看他。他们在保卫目不转睛的注视下坐在咖啡馆里，这个保卫配有无线电和应急按钮，还有应对随时会引起争论大战的多年经验。他的父母都穿着牛仔裤和名牌T恤，看起来很放松，就像是每逢周五为了给慈善事业捐赠在办公室里刻意休闲的打扮那样。他们与儿子面对面坐在塑料椅子上，喝着塑料杯子的淡茶和速溶咖啡。他们给乔纳森带了新衣服，告诉他家里最近发生的一些事情。而且他们总是问他“为什么”，乔纳森耸耸肩说没什么。当他单独与青少年工作者或者我或我的一个同事在一起时，我们也问他相同的问题，他只是说，比起家里或街头，更喜欢待在监狱里。

尽管这样，但当谈起他的犯罪行为时，他还是很坦率，他知道会被抓住。当他用猎枪打中一个电子商店的窗户，偷出几台昂贵的CD播放器时，黑色蒙面头套几乎无法隐藏住他的身份。这个商店离他家只有几分钟的距离。实际上他并不缺钱。他说他受够了哪里也不能去的日子，所以他想逃离那种生活。

他在外面有很多朋友。只要是他想参加的运动，父母都替他报名并付了费用，他玩儿了一段时间的冰球。他其实是个不错的孩子。他常去学校，一些循规蹈矩的孩子也愿意跟他一起玩儿。尽管他学习成绩平平，但他却是个优秀的棋手。表面上，从很多方面看，似乎都可以把他定义为一个健康的年轻人。但是乔纳森有一个无时无刻不在向他强调他就是一个

“笨蛋”的爸爸。至少，乔纳森是这样说的。他的父亲说他的儿子太敏感，他们俩都很少聊到他的朋友、学校或态度。我很难从乔纳森的故事中脱离。很多信息都表明他是一个情感受虐的孩子，而且从很小的时候开始他就一直在承受这样的贬低。我真的很害怕他的母亲几乎不能做任何事情来保护儿子，我认为她可能就是下一个情感受虐的目标。

还有一些我认识的青少年，他们没有选择这种激烈的方式去逃离虐待家庭。乔纳森可以转向运动、学校或自杀等所有在他的朋辈群体中流行的“选择”。但他说，监狱是一个比较好的解决方式，因为它能让每个人都知道他在里面是多么“糟糕”，也会让他的家庭得到最坏的关注，这也是乔纳森真正想要的。

他之所以成为一个行为不良者，他的朋辈群体发挥了一些作用。他就像一只抛锚的船一样漂流向他们。对于一个心情糟透了的人而言，这里是一个很普通的地方。他并没有一开始就去抢劫商店，而是阶段性地发展自己的青少年罪犯生涯。首先要做的是去疏远那些与他建立了长期友谊的从不违法的朋友们。在这个过程中的某个阶段，他认识了他的女朋友，她并不是他朋辈群体的一员。

她和乔纳森的一些朋友，每周日来看乔纳森。当然，这些朋友中的有些人至少是在乔纳森家长允许他见面的朋友清单上的。他们告诉他，他们发现在这样一个地方待着会成为他的阻力，或者质问他在那里和那些在学校一事无成的失败者在一起最后会变成什么样。对他们来说，乔纳森仍然是他们中的一员，即使他现在一团糟。看乔纳森在“成功者”和“失败者”

之间徘徊是一件很有趣的事情。虽然他被双方都接受，但他依然态度不明确。

他的女朋友非常喜欢他。她是一个很有魅力的妙龄女孩，虽然喜怒无常。凌乱的头发，一身黑色行头，浓重的眼妆，还有孤傲的态度。看他们在一起，你会发现，因为乔纳森去监狱以及精神病机构的这些经历。她认为他变得更有趣了，我能想象她的父母会因为他们还在继续约会而疯掉。乔纳森说，她在等他出来，虽然他告诉她如果不等他也没什么。当他谈起她，总是嘴角上扬，似乎有其他更滑稽的事情想要分享，但他大概认为我不会懂得那种幽默。

乔纳森解释说暴力行为比起待在家里为获得尊重而争论容易得多。事实令人悲痛，因为他的父母并没有想伤害他。他们试着以自己的方式去爱他。实际上，在我们会面的这几周里，他的父母已经做了改变，想让乔纳森更愿意回家。虽然一直没起到特别好的作用，但最终还是创造了让乔纳森重新回家的可能性。我们见面之后的八个月，乔纳森离开了那个按照判决要求他所待的安全小组之家。我记得那天他站在设备前接受安检。他的脚边有三个绿色的垃圾袋，里面装着衣服。他的头发已经被剪成了寸头，穿着军队剩余的破烂的裤子，钱包用链子挂在屁股上。当他爸爸捡起两个包，与工作人员握手时，他显得很不高兴。但他却很注意地在看他喜欢的青少年工作者是否来跟他告别。对讲机传来消息说，这个工作者正往这边走过来。我不能确切地说出乔纳森脑中在想什么，但从他眼睛里能看出来。当握手准备离开时，他似乎有些害怕。可能是我在害怕，因为我不确定下一次他为了获得我们的关注会做出什么。

我想当他走出这道双锁门的时候，他也无法知道下次自己会做出什么。

事实证明我的担心是多余的。他回了学校，找到了工作。当我数月之后向他与他的父母了解情况时，他正在和以前的朋友们一起。他和他的女朋友已经分手了，至少那个时候是。

通过像乔纳森这种青少年的鲜活经历，我逐渐开始理解，处于风险之中的青少年走向心理健康在某种程度上是一个机会，让他们可以去表达自己的个人力量或"能力"。专业帮助者在不断研究心理健康问题的源头，或是被他们称为"致病源"的东西。青少年花在心理健康"致病源"研究上的时间比较少。我在工作中遇到的年轻人告诉我，对"贴标签"权力的掌控是导致青少年心理健康摇摆不定的原因，拥有一个巨大又多元的朋友群体能大大增加这种控制力。大家在一起的时候，孩子们可以大声呼喊，"这就是我"。相比一个孩子单独行动而言，大家在一起能更好地彼此倾听。基于此，朋辈群体在青少年心理健康中发挥了很重要的作用。

共同建构心理健康

想象一下红色。你会想到苹果蜜饯的红、血液的褐红、秋叶的暗红，或是新跑车的商业红？即使是"红色"这么一个简单的词，当两个人对它的确切含义进行沟通时都很难达到意见一致。基于这样一个简单的例子，我们应该允许不同声音的存在。

当我们试图理解高危青少年用来描述自己的这些称呼时，要对词语的意思保持一致意见，明显是件更复杂的事情。成人经常对青少年所接受的标签产生误解。比如像“违法青少年”或“街头青少年”这样的词，认为它们对青少年和对成年人有相同的意义就是一种错误的假设。青少年不愿意，或者不能纠正我们。他们礼貌地或是固执地拒绝和我们分享他们用来描述自己的某些词语的真实意思。经验告诉他们，当成人在倾听的时候，往往表现出居高临下或嘲笑的态度。

当青少年所用的词表现出对“我们是谁”、“我们的价值”和“我们的文化规范”的轻蔑时，让成人去接受他们的自我描述显得尤为困难。让乔纳森的父母尊重他那些被禁锢的选择，并且理解儿子所喜欢的东西是一件很困难的事情。当我刚开始与他的父母会面时，他们很礼貌地听我这个治疗师说话。之后，他们开始花时间倾听他们的儿子。我做的很多的临床工作仅仅是与父母们一起讨论给孩子们一些表达和被倾听的机会，然后让孩子们相信他们的父母真的在听他们所说的话。

但很多时候没有父母可以一起讨论。在艾利森的个案中，艾利森受法院终身监护，她的生活中有太多的混乱，她唯一的监护者就是机构中负责看守她的工作人员。

另一个我短暂接触过的青少年亚历克斯，他有一位家长，就是他的妈妈桃瑞丝。但就算没有亚历克斯，她也已经是焦头烂额了。她试过陪在他身边，但在很多方面她无法提供给他需要的东西。作为单身母亲，桃瑞丝靠着微薄的福利救济生存，而且每天都经受着早年性虐待和多年嗜酒经历的折磨。现在是清醒的，桃瑞丝用了很多方法得以生存，但是在她儿子的生活中，她几乎没有什么价值或是影响力。很不幸，尽管她有很多关于生存的东西可以教给儿子。我与他们俩的最后一次见面，是在亚历克斯临时释放期间和他一起去他家家访。回家让他非常高兴，他回到自己的房间，玩着电子游戏。他和母亲之间的亲密显出十几岁男孩子的尴尬，尤其是这些年里只能与母亲相依为命。我们在公寓二楼见面，这是一个狭窄的，被这个城市遗弃的角落，很多我认识的孩子都住在这里。桃瑞丝的男朋友也在这里，自制又讲礼貌。他看着电视，远离来回折腾的亚历克斯和一起随同的监狱工作人员。

我们坐在餐桌边喝茶聊天，那个桌子让我想起了朋友公寓里的复古别致的装饰。只有在这里，桌子才是实实在在的物品，扔给穷人“50 个硬币”就能装饰他们的家。桃瑞丝吸烟，也给了 15 岁的儿子一支烟。他从身后的柜子里拿出火柴，在自己吸烟之前先帮他妈妈点上。这就是亚历克斯的家，除了电子游戏、香烟、粗茶淡饭和他的妈妈，他的生活就是面对墙壁。

当亚历克斯回到家里几个月之后，我们谈起接下来会发生什么。桃瑞丝想让他待在家里，但是她知道她无法让他一直不惹麻烦。亚历克斯有时会游走到街头和他的朋友身边。她希望她能给他提供更多，但她能给的东西，并不比亚历克斯从其他地方能获得的东西更好。作为一个生活在贫困地方的穷苦孩子，亚历克斯已经越出了教育系统的控制和期望范畴，教育体系不再与他有关。如果想寻找一些力量去表达自己，除了街头他已经没其他地方可去了。

在他释放后一个月，我在一群青少年中认出了亚历克斯，他们正在我和我的孩子所在的快餐店附近溜达。他看起来还不错，即使他不得不在寒冷刮风的夜晚蜷着身子缩在轻薄的夹克里。我看见他在推撞另一个青少年，然后点了一根烟，笑了。这样的一幕让我觉得就好像在看一部电影。

这就是我在工作机构之外的地方遇到青少年时的感受，就好像是通过某种方式让我可以观看这个特别的电影，而且只有我们两个人才有看的特权。情节的发展是可预测的，因为我对主角和他们的脆弱性如此了解，所以几乎不用担心这些孩子会给其他孩子带来潜在危险。实际上，我发现我自己很钦佩他们的志气，他们是如此善于生存，能够在我确定自己会衰败和毁灭的环境中如此顺利地成长。这里是亚历克斯需要体会到自己价值感的地方。我想也许某一天，某个偶然的机会会把他引到别处去，但现在对他来说街头是最安全的地方。那时，我觉得我也没有什么东西能提供给他。而他的同伴似乎很满足于从亚历克斯他们停止的地方重新开始。

亚历克斯用他自己的方式找到了心理健康的衡量方法，尽管其他地方都否认他心理健康，但他再也不会相信专家。他的家庭、学校或社会会帮助他，实际上他对自己在街头所获得的身份非常满意。

谁来定义什么是心理健康、什么是不健康，很大程度上取决于谁能决定“健康”这个概念的理解方式。就像我们使用的其他术语一样，心理健康是一种社会建构。这意味着我们对心理健康定义的认可依赖于我们所使用的语言的社会、文化和历史背景。著名的叛逆心理医生 R. D. 莱恩多年前曾举例说明，有杀人冲动的行为很多时候就是精神混乱的标志。但有这样行为的士兵却被认为是极其棒的，他的勇气还会受到人们的赞扬。换句话说，在一些环境下，某种具体的行为可能被看做是非常积极的，但在另一些环境下，相同的行为则可能被谴责。

健康机能和非健康机能之间的区别不仅在于某一行为是如何发生的，更多是依靠某一特定时刻社会的权力拥有者，他们会通过让其他人相信某种世界观是对的还是错的来确保自己的地位。掌握最大权力的人，比如说心理健康专家（甚至是他们之间也会有社会等级之分和地盘战），他们在集体对话或关于什么是心理健康、什么是非心理健康的话语权方面发挥着领导性角色。亚历克斯、乔纳森、梅丽莎和艾利森在这些方面几乎没有话语权。

一个人在群体中拥有的权力越多，他就越有可能将自己的经历标签为心理健康，而把其他人的经历标签为病态或异常的标志。回想下那两个渔夫的故事，和他们对每天辛苦工作的不同价值观。我们会站在谁那边呢，是认为虽然没什么收入但辛苦工作一天也很有意义的那个，还是认为傻子在浪费时间的那个呢？

当说到同伴压力，成人往往是权力占有者。当一些青少年的行为不是他们所认可的行为时，他们就会把这些青少年标签为不正常青少年，还经常把他们称作“行为不良青少年”。很巧合，“行为不良”也是我们用来描述心理不健康的术语。因为他们的声音在很大程度上被压制，所以青少年为自己争取社会地位，乞求发出不同的声音。即便是在《哈利·波特》作者J. K. 罗琳（J. K. Rowling）笔下快乐的哈利·波特也是这样。他与阿姨和德斯里姨夫住在一起，这是一个非魔法界家庭，他们不会魔法，哈利从来不知道他有这种神奇的才能。直到他 11 岁生日时，他的真实身份才通过一个叫海格的巨人揭露。之后，他就被送去了一个叫做霍格伍兹魔法学校的私立学校。一到那里，他接触到了一个新的朋辈群体，有人欣赏他，有人鄙视他。我发现很有趣的是，他的姨夫非常反对他成为一个魔法师，他看不到哈利的特殊能力。对德斯里来说，魔法是很荒谬的事情，而且对他的有序的日常生活带来了威胁。

在青少年眼中，朋辈群体是用来增强自己个人和社会力量的地方，他们从中寻求这种体验。他们选择遵守朋辈群体中的规则，因为被视为群体的一员能提升他们的个体身份。我接触过的大多数年轻人都在寻找属于自己的霍格伍兹。他们似乎明白，在这些群体中，自己既是行动者又要见机行事。每个加入朋辈群体的孩子都能为这个群体的集体身份增加更多话语权，从而使这个群体和其中的每个人都能够得到更多认可，变得更加强大。

回到未来

回想我们自己的青少年时代，我对那些年的看法开始变得不同。我突然回想起，当时的我与现在的我所接触的孩子们很多想法都是一样的，只是时间太久，我已经忘却了我经历了怎样的成长过程。

我在蒙特利尔出生和长大，蒙特利尔在那时候是一个拥有三百万人口的充满活力的大城市。我的世界，像大多数孩子一样，住在很小的地方，基本上是离群索居的，而且经济巨变对我的父母造成了很大影响。我想拥有尽可能多的欢乐，这意味着获得理解，因此我充满希望地尝试性体验、购买和修理旧机车与小汽车、在街头或邻近的公园打冰球或踢足球。直到16岁的时候，每周末晚上看《周六现场之夜》、嗑药、喝酒、开车兜风、与女生约会，但当所有这些都无法使我们愉悦时，就会再次尝试一次，希望能有更好的结果。

我想起我的青少年时代，那时候，我的朋友和我尽情享受生活。虽然我们都是中产和工薪阶层家庭的孩子，但是我们也能很清楚地看到我们之间的不同，也知道与隔壁社区孩子之间的不同。我们挑战法律，但是我很少去违背它；我们打架，但会避免用严重的武器；我们喝酒、嗑药，但会互相照看，保证当有人滥用过多时能得到帮助。我们并不是每次都能避开麻烦，但我们知道我们做的每件事都是为了获得一个身份。我们希望其他人能用我们看待自己的方式看待我们。

我也与其他一些群体一起玩过。他们是一些学戏剧的孩子和负责校报的孩子，也有一些穿着从救世军旧货商店买来的旧衣服的怪孩子，他们对生活的态度似乎比我们更加自由。他们沉迷于社会事件、环境主义和素食主义。然而以前的朋辈群体依然是我生活的一部分，青少年时代让我的交际圈不断扩大，而且我发现我受其他青少年的影响越来越多。问题就是这样开始出现的。

那个时候，我觉得自己和很多邻里朋友非常不一样。在我青少年后期，我开始读里欧·巴斯卡格里亚（Leo Buscaglia）、理查德·巴赫（Richard Bach）和安东尼·德·圣埃克苏佩里（Antonie Saint - Exupery）的书。他们的书告诉我，我应该尊重自己作为一个个体的价值，而且那些爱我的人也希望我好。在《小王子》中，安东尼·德·圣埃克苏佩里写道，“也许爱就是我引导你慢慢找回自己的过程。”就像我在家和社会的经历一样，这些语言在我越来越难理解的这个世界中，成了不和谐音符。我自己讲述的关于自己的故事与其他人所说的“我应该成为什么人”的故事完全不同。这些故事的作者主要是我的父母，他们也不并不是想伤害我，而只是想让我成长和成功。对他们来说，我那些疯狂的朋友会成为我未来发展的威胁因素。他们的渴望和我的挫败让我们的家庭分崩离析。他们认为我是一个盲目的追随者，我觉得我是一个自由的思考者。从朋友那里，我知道了我最想成为什么样的人，而我的父母断绝了与我的来往，即使是威胁都不屑了。

我的父母接受我跟他们认可的同伴交往，也就是那些来自刚摆脱贫困家庭的孩子、来自中下阶层的孩子、从出生起的座右铭就是“你要去读大学”的孩子、从未过多思考过环境与和平更不用说艺术的孩子。他们为了接受我的新朋友在努力提高自己的容忍度。我渐渐疏远他们和他们的世界，这对我的父母来说一定是地狱一般的感觉。

尤其是某年夏天，冲突弥漫在我们中间。一旦他们发现我在和艺术圈的朋友而不是邻里孩子在一起时，他们变得比之前更担心我。他们开始坚持让我与以前的朋友一起玩儿，并且讨好我，让我和那年冬天之前认识的一个年轻家伙多在一起。他叫戈登，并不完全算是我之前的伙伴。戈登很喜欢我。他与我同龄，打扮“正常”，很有教养，来自一个中产家庭，他父母都有着受人尊敬的工作。但戈登有一个秘密，他嗑药和嗜酒很厉害。我在他家遇到的很多人都与我的父母和我不一样。

一开始我很反抗，我告诉我的父母，我想自己选择朋友，但他们竭力反对我成为艺术圈的一员，我说“见鬼去吧!”然后就加入了戈登的圈子。我决定利用他们达到我自己的目的。他们让我有了生活经历，让我觉得像一个背叛者，挑战父母的价值观，而且比我以前朋友的不良行为更严重。最讽刺的是，父母让我以后和戈登一起而不要和其他朋友在一起。和很多充满抱怨的青少年聊天，他们说“我父母不理解我和我的朋友”。我才开始相信，原来不是只有我一人面临这样的问题。

我的双重存在性应该都做得很好，但有时候感觉好像不对，我并不希望被当做一个不良少年。欣慰的是，我找到了这样的一个群体，他们更像是我想成为的人。对我的父母来说，似乎是我向同伴压力屈服了。当时，我怀疑成人跟我说的是：我的朋友向我施加压力让我做一些事情。为了找到一种方式能表达我多年前所有的感受，过去这 20 年我对一些优秀的和有抗逆力的青少年做了彻底研究，发现：我自己获得幸福感的途径比父母强加给我的要好得多。

从青少年身上学习如何做好父母

我被父母们用在反对青少年为自己争取身份上的巨大能量和金钱震惊了，即使它们并不具危害性。我尤其喜欢芭芭拉·克劳罗塞对父母的建议，他说只要孩子的行为没有威胁到生活或违背道德，我们就应该允许孩子们有自己的决定。芭芭拉·克劳罗塞鼓励父母们为真正值得的冲突去斗争，而其他的就让孩子们自己在生活中去体验吧。但这不意味着作为孩子的监护者，我们什么都不做。相反，我们能开放地表达我们的观点，告诉他们可能会面临的所有结果，但不需要给孩子们上课。

橙色头发、不洗澡（或不经常洗澡）可能不是我所认为的享受，但对一个不在我们控制范围的孩子来说可能就是一种享受，而这些并不是我想花精力去抗争的地方。我等待值得抗争的事件发生，这些经常与吸毒、性、宵禁或其他风险行为有关。然而，父母总会花无止境的时间去控制他们的孩子：他们什么时候睡觉，什么时候吃饭，跟谁约会，怎么打扮，什么时候学习，娱乐活动是什么，当然还有他们的朋友。每次我们为了这些小事争吵，还破坏了我们和孩子之间的关系。其实没必要，当关系到了临界和最危险的状态时再做这些也不迟。但通常的状态是，我们为一些没必要的冲突发生对抗。

在我的临床实践过程中，几乎没有什么真相，但是有一个是我经常遇到以至容易忽视的事实真相就是，孩子们比父母（和孩子自己）意识到的更像他们的父母。父母因为担心孩子把自己弄得很纠结，而与此同时，孩子们告诉我他们所坚守的真理是什么。虽然我无法提供帮助，但却注意到他们的信念几乎与他们父母的完全一样。

我这些年的第二个发现是，很多沮丧和愤怒的青少年会感激那些给他们的生活设定限制的人，因为这样能让他们感觉到被爱。这使很多父母难以相信，孩子们希望父母能用这种力量保证他们的安全和规律性，这实际上更难应用在生活中。作为父母，我们知道很重要的一点是孩子们希望我们能在他们遇到严重的危险时保护他们。而试着在同伴中建立一种新的身份是另一回事，但怀孕、成瘾、监禁或被虐待都不是孩子们希望发生的。我说过很多次，因为对我接触过的一些绝望的孩子来说，监狱、怀孕甚至死亡可能会成为他们所面临问题的解决方式。作为父母，要在知道什么时候提供帮助和什么时候让他自己处理之间找到一种平衡是很难的。

作为父母，如果我们过快地对孩子的选择进行干预和判断，比如他们和谁做朋友，在孩子们看来，我们就是传递出这样的信息，即他们没有能力自己做决定。虽然我们是想拯救他们，但却打击了他们的自尊，可能会导致他们一开始就做出我们绝不希望他们做的事情。我知道，没有人会真的听那些批评他们的话。

但是，如果我们退一步，允许孩子们落后，允许他们遭遇超过他们处理范围的风险，并且不帮助他们寻求解决问题的方式，然后他们就会有被抛弃感和无价值感。在这样一个环境中，青少年很有可能向他们的同伴寻求原本希望能从父母和监护者那里获得的支持。青少年告诉我，他们更喜欢朋友和父母一起引导他们的生活，但很多青少年发现家里充满了冲突或是缺少能让他们感受到力量和被接纳的机会，以至于向同伴寻求帮助成了他们唯一的选择。父母也不想他们的家成为战场，他们也感到走投无路、被误会，也常被孩子们虐待。这是误解、愤怒和责备的恶性循环，所有这些都会让“爱”蒙上面具，被践踏在脚下。

青少年寻找的途径是我感兴趣的地方。朋辈群体和社会到底通过什么帮助青少年培养和维持了他们的心理健康呢？虽然父母和监护者在保持青少年自我感觉良好方面发挥着重要作用，但他们的朋辈群体也同样起到很重要的作用，这却是经常被我们忽视的。

镜子，墙上的镜子……

在童话故事《白雪公主》中，皇后深深地盯着镜子，希望得到她是“世界上最美的人”的回答。世界上的镜子，像人们一样，可能都有些不可预测。镜子告诉她，世界上还有比她更美的人，皇后不能接受这个事实。她的自负是可悲的，她开始通过毁掉那些对她的身份和地位产生威胁的东西来证明镜子的判断是错误的，我对她的这种行为感到好奇。当我们看待自己的方式只有一种时，在面临挑战时就会相当有防御性。这样的话，对皇后为了证明自己是对的而除去白雪公主的这些令人发指的行为有任何疑问吗？

青少年为了获得强有力的身份会做一些包括违法或犯罪的行为，这并不令人惊讶，他们是为了保护自己微小的地位。在这些个案中，青少年的行为和“皇后”努力要杀掉白雪公主的行为很像。青少年为了避免自己的身份受威胁会选择先发制人。他们最好的防御就是集体攻击，他们经常选择加入和他们一样的青少年队伍之中，然后做那些他们认为值得去做的事情。所谓“物以类聚，人以群分”，当遇到危险时，青少年又会自动做出选择。

虽然我知道世界上并没有魔镜，但我们都有这样的经历，即当我们向他人表露自己时，会希望能得到与我们的自我表达同样珍贵的反馈。所有父母都见过自己的孩子高兴地大喊：“看我”或“看我做的”，似乎他们的成功仅依赖于父母的认可和赞同。而对处于脆弱环境的孩子来说，他们的独一无二和才能所能够得到回应的机会更少。社会经济因素、个人限制、家庭问题或受虐待经历都有可能导致孩子们无法得到关心他们的成人的反应或任何积极的反馈。这些孩子经常得到的反馈是，他们是“世界上最丑陋的人”和“最不可能成功”的人，而且比同伴更坏。

问题孩子会对那些威胁他们幸福的身份作出应对。然而很讽刺的是，给予了他们强大自我定位的朋辈群体却成了给他们贴上侮辱标贴的社会和家庭的替代品。让我们想想在临床实践中我遇到过的词，它们被监护者、父母和其他成人用来描述我接触过的高危险性孩子和青少年：

失败者
慈善个案小子
傻瓜
受害者
堕落的女子
放浪形骸的人
强盗
小贱人

孩子们知道这些标签会对他们的幸福感造成的威胁。但他们可能也会相互使用这些来自成人的词，这些话伤害和刺激了他们已经敞开的伤口。

现在将专家们对青少年的标签添加到这些词中，我们很快就明白了为什么一个孩子可能无法得到让他感觉良好的反馈。通过与青少年的接触，我发现用得最普遍的一些标签包括：

行为紊乱
“小大人”
注意力缺陷多动障碍
沮丧
自我毁灭
边缘化
反社会
两极化
心理变态
功能失调
反抗
缺乏对冲动的控制
顽固

我接触过的很多青少年都告诉我，专家们无休止的干预和评估对他们造成的伤害多过于对他们的帮助。此外，专家们清楚有力地告诉那些似乎是屈从于来自同伴的恶魔般的压力的青少年，他们不可能摆脱这些标签。

高危青少年通过利用与同伴和团体的经验对他们身份的负面解释进行挑战。不幸的是，生活很少能给这些孩子提供能让我们联想到抗逆力的资源，比如学习能力、鲜明的个性或杰出的运动成绩，这些都是伴随着体育设施、学校和受欢迎的社区的，在这些地方才能体验这些领域的能力。很多我接触过的青少年和在晚间新闻上看到的青少年反而能充分利用他们所能得到的资源。来自资源贫乏地方的高危青少年会通过选择变成更强大的称呼来反抗这些标签：

领导者
恶棍
帮派成员
商人
性感
存活者
种马（貌美体健的男人）
街头少年
帮手
酒鬼
斗士

在风险青少年可利用的有限的可能性中，始终没有一种身份是能让所有人都接受的。青少年争辩说，自己的标签比成人给他们的要好得多。至少这些称呼是孩子们自己的选择，即使选择余地极少。

这里的问题是，我们认为的心理健康的标志是什么？甚至更重要的是，我们能容忍的正常是什么？在我的经历中，父母通常将孩子们身上那些他们认为是不正常或不健康的行为都归咎于孩子的同伴。这是“邻避主义”的一种变异，在这种情况下的解释就是“与我的孩子看待世界的方式无关”。我相信，离经叛道的群体规范永远都不会是我们的孩子促成的。但难过的是，很多父母仍对群体身份是由自己的孩子与他们同伴一起创造的这个事实熟视无睹。我们的孩子，在这些群体中，在不同时刻，既可能充当领导者也可能是跟随者。即使作为跟随者，他们也会对群体所发生行为的意义做出重要贡献。为了创造一个属于自己的强有力的身份或故事，我们需要一个拥有众多演员的舞台，和积极参与的观众。

想象一下，一个紫色头发、在耳朵上或肚脐上打洞，或在舌头上穿了十次洞却还没有得到关注的孩子。这是一个很严重的问题。这个孩子除了继续这样做再没有其他选择，只是这次为自己的个性呐喊的声音更大而已。朋辈群体成为了年轻人为自己的身份寻求支持的平台。同伴往往就像是扩音器一样向成人社会传达出更大的声音和力量。我们可能没有给一个行为古怪的孩子太多关注，但对那些挑战我们、认为自己的生活方式更加健康并可以替代我们的生活方式的很多孩子给予了非常多的关注。只需要了解 60 年代的青少年文化就能知道这是真的。

第二章　寻找真相

之前，我列举过五个策略给那些高危青少年的父母和其他监护者，用来帮助他们的孩子获得安全和感觉良好的照顾。这些策略旨在使对青少年应付责任的人们的帮助成为孩子生活的一部分，让孩子们不需要通过危险的、违规的、失常的和混乱的行为就能生存。这章最先看到的，可能也是最重要的策略就是：帮助孩子们发现最真实的自己。

策略一：问问孩子和青少年，“对你来说什么是正确的?”帮助他们批判地接受每个人的价值观，包括父母、同伴或那些自以为掌握着真理的人。

纳撒尼尔的母亲塔拉和他的继父约瑟夫都是很温和的人。他们都是土著人，很不情愿地选择了与儿子一起住在非保留区，这很大程度上是因为那里的工作机会比较好。他被带来我的办公室，那是我们第一次见面。那时候他才 14 岁，因为一些罪行被监禁过，包括入室抢劫、藏毒和贩毒。他喜欢吹嘘自己犯过的罪行比他被抓的那些罪名要多很多。我对纳撒尼尔和他父母进行了对比研究。一旦我们开始相互有所了解，我才发现我对纳撒尼尔的第一印象是错的。在虚张声势的外表下，他其实是个敏感的孩子，和他的父母一样有着远大的抱负。

虽然他们生活简朴，但塔拉和约瑟夫还是尽一切努力供养纳撒尼尔。塔拉定期参加联合浸会教堂的活动。他们一家有很多朋友，是一个大家族，可以在家里打打闹闹或吃吃喝喝。虽然纳撒尼尔的爸爸在他只有两岁的时候就已经离开了他和妈妈，但纳撒尼尔很少想起他这个11年前的父亲，他认为他不是他“真正的”爸爸。当他们在一个铁丝网窗户和双锁门的屋子里与我这个治疗师见面的时候，这个家庭所流露出的爱、规矩和冷静的品质就并不总是能得以维持。塔拉非常混乱，而约瑟夫表现出非常的痛心。他们都想知道为什么纳撒尼尔是一个“做坏事”的孩子。纳撒尼尔似乎决定让整个青少年期都在监狱或缓刑中度过，这使他的父母不得不同意其他人对他们儿子坦白的评价。一些不良的生活方式牵引着纳撒尼尔，像警报器一样。

当我得知纳撒尼尔以及他的父母想谈的内容时，我首先建议不要集中只针对纳撒尼尔的问题（因为纳撒尼尔如果坚持说没有，那我们将一事无成），相反，我们应关注纳撒尼尔与父母共有的分享有多少。其次，我认为最好的方式就是我们试着去理解纳撒尼尔自己选择的群体吸引他的地方是什么。换句话说，我建议我们继续寻宝游戏。在纳撒尼尔毁灭性行为所带来的影响中，我们在寻找他和那些跟他一样的孩子所坚持的对的东西是什么。我们一起挖掘了一个关于纳撒尼尔的新故事，能更好地描述他所寻找的奇怪的秩序感和依恋感，还有伴随着他这种生活方式而来的力量感和个人幸福感。最终，我们会帮助这个孩子找到以亲社会行为也同样能获得这些感受的途径。但在我们能够更好地认识到吸引纳撒尼尔的东西之前，对于通过审视他的选择，了解到底是什么在吸引他完全没有头绪。

我们从纳撒尼尔的父母开始。虽然我也需要去了解他们，但更重要的是让纳撒尼尔明白他的父母重视和信仰的东西，从而使他更清楚地了解他们到底有多像。我也想听听塔拉和约瑟夫在他们生活中克服的逆境有哪些。他们都有过受虐待的经历，而且塔拉在十年前还通过住院治疗戒掉了毒瘾。很明显，他们俩不是那么容易被击垮的人，这让我印象深刻（我想纳撒尼尔也是）。为了给自己和儿子创造更好的生活，塔拉和约瑟夫做了很多年的努力。他们在一个新社区安家，营造了家的感觉。他们最希望能获得邻居的尊重，而拒绝接受因为肤色而被标榜的负面标签。

纳撒尼尔却非常不同。我对他的了解很少，但他的老师和我工作过的机构里照顾他的人对他非常了解。我向他们了解这个孩子的情况。这些信息并不仅仅是为了让我能从一个批判和独立的专业眼光去分析问题。我收集这些信息是为了纳撒尼尔和他的父母。其他监护者所说的故事描绘的不仅仅是一个问题孩子，也是一个讨人喜欢的、很友好的、给身边的人带来很多欢乐的孩子。他们说，大部分时候纳撒尼尔都知道该怎么去做，他知道怎样去获得他人的尊重，他知道怎样在运动场上公平地竞赛。而且当他在集体里时，他还自愿给大家做饭和一些琐事。他是一个很有魅力的年轻人。他在学业上表现出了很大的前途，于是他现在又投入到了学习中。

可以想象当他的父母听到这些评价时的反应，尤其是听到孩子的狱警、治疗师和老师对他的表扬。这就好像我们告诉他们，他还是他们的儿子，在很多方面跟他们还是很像的。他们投入的爱、时间和精力是付出了很大代价的，尽管有证据表示情况不是这样，但可以忽略不计（最后我们是在一个安全的精神病治疗机构见面的）。不良行为不是纳撒尼尔的唯一故事，只是其中一部分。

像这样的对话不会把孩子传奇化，也不会忽视掉像纳撒尼尔这样的孩子们所面临的问题这样一个冷酷严峻的事实。但这确实让我们成人和孩子开始了探索的道路。关于纳撒尼尔的真相是，他仍对他的家庭，以及在其中所学到的价值观有着深深的依恋这些依恋。在他生活的其他地方也在发挥着作用，只是他的父母可能从未了解过。

既然我们知道纳撒尼尔很像他的父母，他们有着同样的信念，因此我们需要找到纳撒尼尔的危险和不良行为的源头是什么。答案很简单也很明显：权力。在他的同伴里，纳撒尼尔很享受群体中那些得到很多关注的孩子给予他的权力，虽然这些关注大部分是负面的。纳撒尼尔已经有了钱、刺激和同伴，而且这些都不用他做太多努力就实现了。在他看来，他已经非常成功了。当提到他走私毒品的行为时，他告诉我，“我每天能有 10000 美元，我想怎么花就怎么花！”“在 17 岁之前我都不用担心会惹上麻烦，因为对青少年不会计较太多。但当我成年之后，我就不想做这些了，那会让我疯掉的。”

“啊哈！”我想这就是使纳撒尼尔的生活不同于其他贩毒者的关键所在。纳撒尼尔仍相信，职业犯罪是没有意义的。他明白变“坏”会遭受社会的惩罚措施，很明显他并不想这样。作为他的帮助者和听众，我们的挑战是发现纳撒尼尔认为他与他那些不良行为同伴的不同之处。他隐藏的事实是什么，他是怎样去表达它们或继续隐藏它们的，什么时候会与他的朋友一起？我们要谈论的内容还有很多。

纳撒尼尔说他不喜欢去抢劫他认识的人，他更喜欢对公共建筑、商店和其他类似地方之外的地方进行财产犯罪。他讨厌那些贩毒者逼迫比自己年纪小的孩子犯罪。他认为那些真正做硬性药物的都是“笨蛋”。他知道他应该回学校，也知道他有升大学的潜力。他能看出来，他的很多朋友会一辈子当罪犯，因为他们没有其他的生存方式了。尽管这样，他还是告诉我，在监狱或其他封闭机构里时，大部分时间都是由他自己控制的，不像其他那些“没脑子”的孩子始终想出去。而且他非常相信，像他这样的土著人即使从困境中起步仍会为了生活而奋斗。他将那些为了条约权利和领土权利与政府发生武装冲突的战士理想化了。他不想被看做是一个刻板的印第安人，而且他相信他的未来也不会是这样，他的父母却是这样。

我们交谈的越多，每个倾听过他和与他有过接触的人都会看到他更多的成长。人们停止了因为纳撒尼尔的问题而对他朋友的责备。然而，我们试着像一个战士一样给纳撒尼尔提供他需要的武器，让他能站起来反抗那些让他做那些可能会威胁自己信念的事情的人。他的父母和我想知道更多关于他朋友的事情，但并不是要把他们击倒，而是真的想了解他们（包括他）如何通过不良行为为自己树立了强有力的身份。只有这样，才能与纳撒尼尔展开一个真诚的谈话，从而知道他的信念到底是什么，如果他与同伴之间存在区别的话，区别又是什么。

当像纳撒尼尔这样的孩子从监狱回到家之后会发生一件有趣的事情。他们往往不会被给予太多的责任，似乎是因为父母不敢相信他们。但其实孩子们想说的是，他们需要更多机会去感受对家的归属感。我不建议只是给他们钱，而放弃所有原则或是给他们再次回归犯罪生活提供便利。我们能找到其他途径证明像纳撒尼尔这样的孩子是值得信任、尊重和欢迎的。我们可以让他自己做饭，也为我们准备些晚餐。我们可以让他决定自己的睡觉时间（尽管没有宵禁的必要），也可以给他钱让他自己支配。

我发现，实际上当生活在街头的孩子再次被强制待在家里时，他们的父母会觉得应该替他们做每一个决定。监护人似乎很容易就忘记了他们的孩子能从街头的危险中幸存下来，依靠的是他们自我保护的个人资源。这些孩子的真实故事是他们有能力生存，并为他们的街头智慧感到骄傲。这些品质就是孩子们幸福身份感增强的根源。

幸运的是，当纳撒尼尔获得释放后，家庭和社区都给了他承担更多责任的机会。他有了喜欢的工作，当一个餐馆工，这让他能通过合法的途径赚钱。他回到了学校，尽管时间不规律，但还是很好地完成了学业。纳撒尼尔很幸运：有一个很喜欢他的老师放了他一马，允许他后补作业，或是在午餐时间给他提供他需要的额外帮助。纳撒尼尔的父母也为他做了很多努力，经常带他去当地的娱乐中心。至少在那里，纳撒尼尔能在一个安全的环境中释放一些能量。如果再给他几块钱，他就会去买吃的，而不是酒或毒品。其实最重要的是，父母仍然信任他。他们知道他们的儿子会做别的而不是犯罪。他们现在相信他至少会为自己想，而且会努力不与被他称为朋友的同伴相同。

这一切变化让每个人都屏住了呼吸。每次给他一点责任，有一半几率会担心他会回到老路上去。但记住，我们已经建立这样的信念：纳撒尼尔更像他的父母，虽然他们曾怀疑过这点，而且纳撒尼尔真正在寻找的是尊重、成熟、责任和接纳。通过纳撒尼尔，我们现在理解了他的世界。逼他留在家里，从家转进监狱，藏起所有珍贵的东西，不希望他在自己的视线之外——这些就是塔拉和约瑟夫以前所试过的所有解决方式，但他们这样做只是让纳撒尼尔的街头朋辈群体变得更有吸引力而已。相反地，我们邀请纳撒尼尔回家，让他说说自己在外面的故事。纳撒尼尔并不想变成一个越轨者，他希望通过其他方式成为一个特别的人。他出门闲逛只是为了获得个人力量感。他也很喜欢终于能有机会向父母展示自己到底是什么样的人。

通过纳撒尼尔的故事，我们应该记住一件很重要的事情。虽然我认为很多像纳撒尼尔一样的孩子能成功地转变他们的生活方式，但那些沉溺于毒品和酒、胶水或气体嗅探、甚至是严重抑郁症和自杀倾向的孩子未必能改变。尽管我们为帮助纳撒尼尔所做的事情也能帮助其他孩子，但还是会有很多限制，这就需要我们与那些会对自己或他人造成危害的孩子进行沟通。我们的目标还是一样，去理解他们的世界，只是时机不同。对于这些孩子，我们的步调需要放慢一点。第一步就是建构一个世界，让孩子们不那么容易得到毒品或买毒品的钱，还要减少他们伤害自己的机会。我们仍需要孩子们告诉我们，他们在药物滥用或自残过程中所获得的好处是什么。不管我们对他们的生活有多少了解，但在成瘾和其他自我毁灭模式受到控制之前，我们不能改变任何事情。那样的话，在孩子和他们的家庭无法找到控制的方法之前，专业咨询师的强制治疗往往是唯一有效的途径。

其他真相

在我们每天生活的这个世界上，我们所接受的事实上是一种精心的社会建构。我们被卷入无止境的谈判中，去分辨谁的版本能作为事实被接受。孩子们没有什么不一样。正如我们之前说过的，像“健康”这样简单的术语，它的定义也是由使用它的人决定的。暴力、骚乱和偷窃都是我们对孩子们说的不被接纳的东西。然后我们打开早间新闻，突然我们就意识到很多人与我们持不同意见。在战争和国内骚乱的情况下，我们甚至会将这些“不良”行为视做理所应当。对于当今为了条约权利而战的土著勇士，纳撒尼尔与他的白人邻居有着不同的理解。

帮助青少年探索这些矛盾的意义有着重要作用。我们要倾听，真正地听他们说的内容是非常重要的。我们不需要同意他们。事实上，当青少年发现他的亲人开始模仿他的朋友，把自己伪装得很时尚的时候，这个孩子可能会以之前两倍的速度跑出门外。倾听孩子们分享他们的真相并不意味着我们一定要和别人一样完全同意他们，或把墙刷成和邻居家一样的颜色。我们可以选择不同意。

青少年尤其善于识别虚伪，这是一种能力。我们想让他们培养起这种能力，首先就要在家里和成人多在一起，然后在外面要和同伴多交往。发展理论家们早就知道，在我们的青少年时期，我们很自然地把世界整齐归类，非此即彼。在那个时候，我们对矛盾和虚伪都非常警惕，利用父母的任何一个错误来当做我们的优势。认知的发展是一种才能，我们乐于有机会发挥这种才能。任何一对让自己的孩子在他们之间进退两难的夫妻，只会让他们的孩子变得更加困惑，要知道孩子们有找到技术漏洞的神秘方法。

正如芭芭拉·克劳罗塞指出的那样，我们教孩子们要思考什么，而不是如何去思考。思考的一个重要部分就是要深刻领会我们认为理所当然的价值观和信念是什么。每个人的信念都是不一样的。作为成人，我们在自己的社会圈子中很礼貌，但却未必将这种同样的自决性礼貌推广给我们的孩子。我们期望他们成为我们的缩影，尽管我们说的完全相反。

我们帮助孩子应对同伴的最好方式就是允许他们在家中先练习质疑我们的观点。为什么我们说的就一定是正确的呢？如何以尊重的态度去挑战这个所谓的正确呢？当我们的孩子还是两尺高的时候，我们教他们不要把手指伸进墙上的插座里。当他们成为青少年时，我们有责任去教他们该如何争取自己的权力和控制。他们需要了解这个，因为不同的人对现实的建构会给他们带来不同的权利。不是每个人都能自由表达自己的想法。问问那些同性恋者，那些对上帝有不同理解的人，或是仅仅想与邻居生活方式不同的人。你只要试着不修剪家门前的草坪，就会很快看到强制顺从是如何发生的。这不是来自你邻居的压力，而是一种群体无意识，我们或多或少都会受到它的影响，而且这种群体压力的形成，我们每个人都有贡献。

我们中的一些人比其他人有更多的权力决定支配我们的规则。德里克·延森（Derrick Jensen）最近在观察白人女性的特权，他在《伪装的文化》这本书中证明了民主只在我们都有平等参与权的时候才能发挥作用。任何的衡量标准，不管是年龄、经济实力还是教育水平，都使我们的孩子在决策过程中处于不利地位，问题孩子更是如此。当我们倾听他们时，他们告诉我们，他们也想平等地参与集体决策过程，但缺少合法途径。所以他们走偏门，通过危险、违规、失常和混乱的行为获得力量。我已经找到让青少年远离这些行为的最佳途径，我想为他们打开一扇门，让他们可以来到我这里，通过倾听他们的故事帮助他们。

通过青少年的打扮我们能很容易地看到关于信念之争的缩影。即使是最怪异的个性主义的流行反抗方式，也仍是在性别规范之内，这些规范与性取向，很多时候也与社会阶层有关。什么样的打扮是正确的？在青少年看来，正确就是依赖于谁掌握着决定标准的大权，比如成人。

我们必须确保孩子们有这种权力。我希望我的孩子会打扮自己；我希望他们能尝试不同的样子；我想让他们经历风险，即使可能会让我觉得不安，可能他们自己会更不安；我想让他们感觉到震惊；我希望他们至少能有一次被当作他们不想成为的那种人去看待：如罪犯、瘾君子、书呆子、怪咖、暴发户。我们明明不是这样，却被贴上这样的标签，因此我们就会吸取教训，学会抵抗。良好支持系统下的失败比通过零风险行为获得的无止境的成功更有意义。

我们让在外的青少年所做的事情，就好比是把他们送入狮口，将他们扔进一个混乱的世界。在那个世界，即便是成人都很难让其他人相信我们是正确的。我们必须用他们需要的技能训练他们，确保这些技能可以让他们被接纳。孩子们需要相对安全融洽的朋辈群体去运用这些技能。但首先，他们需要在家里学会运用。

作为监护者，我们可以通过鼓励青少年学会批判性地认识每个人的价值观（包括我们自己的）来帮助他们建构合适的身份。与其在青少年和他的同伴之间设置障碍，倒不如与他们进行对话，谈论不同朋辈群体之间的矛盾现象。这并不是说我们把青少年推向"消极"的朋辈群体而不是积的极朋辈群体。我们只是旁观的指导者，我们能做的最好的事情就是帮助青少年评估他们所遇到的每个群体的不同规则。但我看到的父母们经常做的却是替代孩子们去分析朋辈群体。"哦，他们是有问题的，""你不想跟他们有关系的，"或是"为什么不能选择更好的朋友呢?"父母的这些评价经常是错误的，而且帮助他们做决定对青少年抗逆力的发展起不到任何作用。

这是因为，作为成人，我们自认为很理解孩子们穿着、语言和行为中的微妙之处，但实际上我们并不理解。而且，我们试图去左右孩子们的选择是行不通的，因为我们忽视了孩子作为一个群体文化贡献者的个人角色。如果父母有他们自己的方法，那在孩子看来也一定是不足为奇的。即使像米开朗基罗这样伟大的艺术家，他的父亲警告他不要踏入家族企业，而去做一个雕塑家和画师，他后来真的成为了教皇保罗统治下的西斯廷教堂的画师。之后，尽管他的名望和幸运拯救了他的家庭免受沦落，他的家人还是从不相信他选择的路是正确的。

如果我们仔细观察孩子们身上发生的，我们会发现，我们的青少年并不是我们想的那样。一方面几乎不会有人最终成为米开朗基罗，另一方面会由于被人排斥而臭名远扬。不论是哪种情况，他们的生活都会被他们的监护者所误解。

例如，我见过一些青少年，他们的父母认为他们的存在对自己和他人都是危险，但让我震惊的是，青少年告诉我他们在群体中经常保护群体中的其他成员。在塞林格的美国古典小说《麦田守望者》中，霍尔顿·考尔菲德幻想自己能成为孩子的保护神，让他们无忧无虑地在麦田中玩耍，并挽救那些在悬崖边可能会掉下去的孩子。他幻想道，“我就站在绝壁边，我要做的，就是守在这里。要是有孩子往悬崖边来，我就把他们抓住——我的意思就是孩子们都在狂奔，也不知道自己是在往哪儿跑。我得从什么地方出来，把他们捉住。我整天就做这样的事，我只想做个麦田里的守望者。”

塞林格的书吸引了一代又一代的青少年，这并不奇怪。我们都有一点像霍尔顿，真挚地希望能对自己与他人的生活产生一些影响和有一些控制。然而这样幻想可能导致我们将霍尔顿视为自恋，我更喜欢他提到的那个角色，在童年和成年之间交叉路口上，寻找游戏的方式，他以前的老师斯宾塞告诉他这个游戏就是生活。如果我们给青少年机会，让他们弄清楚自己在同伴和他们的群体中是什么，不是什么，然后为他们主张自己的真理和身份提供空间，这样他们才能更好地生活。这样的好处是他们会互相影响，避免整个群体遭受更多的麻烦。

对话带来变化

我鼓励父母们多与他们的风险青少年谈论他们的安全计划，而不是问题行为。比如，15 岁的孩子想要获得去跟比他大很多的朋友一起参加通宵 party 的权利，而在 party 上他们会喝很多酒，几乎没有任何理由可以说服我让她去参加。但说服我是她的工作。她的任务就是建立一种安全网。“这个 party 如何管理实施的呢?”我想知道“如果有人喝醉了怎么办呢？车呢？有人能开车吗？会有人一直保持清醒吗?”然后就是关于性行为的问题。虽然在那个时候这看起来是一种危机，但大部分女孩（和男孩）都不想在这样一种危险的情况下冒着安全的风险压力。他们更愿意待在家里或是举行一个更好处理的小型 party。但首先他们必须声明，“我就是这样”。

他们必须是 15 岁的没有冒险行为的孩子。随着孩子安全计划的实施，她仍表明自己与其他同伴是不一样的，对他们的价值观持批判性态度。她坚持自己的寻乐方式。如果我们幸运，很多父母经常都是幸运的，青少年会在内心对自己说："天啊，如果不想在 party 中受伤、怀孕或不舒服，就要考虑很多事情。”然而这种清晰的想法是不可能有的，孩子们告诉我，他们所想的东西往往会藏在内心深处。

当然，这并不总是有效的。有时候，青少年认为这些风险是值得的，参加这个 party 能获得他们想要的身份。在这样的时候，父母们可能会站在他们的立场坚持，“不，你不能去。”但事情并非就到此为止了。任何一个寻求更多刺激的孩子都会去寻找一种又一种方式来满足自己。所有的挑战都能传递给父母很多有价值的信息，这些信息都是关于孩子们的需要和孩子们对自己的看法，我们不能浪费这个机会。

给孩子们提供一个有爆米花和电影碟的睡衣派对来替代通宵的饮酒派对，是不可能让一个顽固的青少年离开他的高风险同伴的。月光下的蹦极或许会有可能；参加一个户外夏季摇滚演唱会有可能；在当地影院看一个通宵恐怖电影也有可能；一个喝酒的合理借口，比如为朋友举办毕业派对，这也有可能。任何可以推动父母容忍极限的包括和很多朋友在一起的风险行为，可能都会满足孩子的需求，即她希望找到比较危险的行为方式。

作为父母，尊重孩子们的行为意味着放弃一些抗争。记住，我们的目标是培养一个健康的青少年和宣告战争胜利。只要父母也能同样满足孩子最初努力想要获得的需求——能被广泛接纳的强有力的身份，这将会是让青少年接受用另一种方式表达自我的机会。我们应该考虑，在孩子们遵循我们的计划之后，她是否能在她的朋辈群体面前拥有完全与他们一样强大的形象。我们的孩子要说，“嘿，看我，”“我现在也非常开心，现在做的事情需要更多的勇气、有更多类型和更多‘素质’，之前那些都浪费了。”

这些建议就只是建议，就如我在介绍中说过的，我总是在我的办公室里放一个垃圾桶。如果我说的一些事情与这个家庭的生活方式不符，我就会鼓励他们抛开我的建议。试着用一种本土化的方式挖掘孩子的能量和家庭及社区资源，比起从他人那里借用或许要好得多。每个家庭都是解决自己问题的专家。

很多存在，很多群体

父母需要鼓励青少年选择性地加入不同的朋辈群体，命运和环境将会眷顾这些选择。当一个像纳撒尼尔的孩子回到家里的时候，真正爱他的工作才开始。如果这个青少年仍能与父母交谈，那么他们能更好地找出，外面到底有什么能让孩子如此享受。

我们几乎一直在问，到底是什么让夜晚变得尤其兴奋，或让人满足，我甚至问过监狱里的孩子们同样的问题。实际上越轨青少年们经常告诉我，入狱会获得很多乐趣，所以是值得的，这不足为奇。在这种时刻，就像是打开的聚光灯一样，照亮了我们生活的不同世界。我曾说过，如果能让我如此享受，那么一天工作18小时也是值得的。但是进监狱呢？我无法想象有什么是值得付出这样的代价的，我想大部分父母也无法想象。

怀孕呢？同样。而且不止一个青少年告诉我，虽然她自己也是个孩子，但能有一个孩子还是让她很开心，因为这样她们就不会再孤单了。包括哈佛医学院的凯西·万家顿（Kathy Weingarten）和她的同事在内的很多研究者，也在年轻妈妈中同样证明了这点，她们说成为一个妈妈是一种途径，可以让她们成熟更快，让她们在学校、工作和社区中获得更多关注，让她们成为她们所尊重的母亲、阿姨和其他女性的样子。照顾孩子，和吸烟、用手机这些普通的行为一样，都有可能成为解决折磨青少年生活中成熟空白的途径。从社会意义上来说，我们的孩子被剥夺了通过合法成人礼发挥成人角色和创造有意义的价值体系的机会，因此导致很多价值的建构都是在朋辈群体中完成的。这就是我们需要对话的原因。我们需要帮助孩子对比他们从自己生活中发现的事实与在朋友和家庭中发现的事实。

问问青少年：你喜欢和朋友们出去玩吗？晚上（或者早晨、下午）去怎么样？通过这种询问方式，假设青少年在一起发生的都是积极的行为。我喜欢表达对孩子们快乐的支持。

如果父母偶然地与孩子有一个有实质意义的谈话，第二天晚上或早餐时候可能就会问相同的问题，而且还会问“跟你不喜欢的朋友有发生什么吗?”如果得到一个回答，那就会在此基础上继续问，“他们做那些事情的时候你在做什么?”让我完全惊讶的是，如果一次又一次这样被问过之后，青少年将会把自己与他们的同伴区分开来。他们会强调他们是多么独一无二，而且对朋友做的事情是多么不满。但如果他们知道听者对这些问题的答案足够了解或是听者已经对孩子的相关价值观做出了判断，他们就不会这样做。这种情况下，青少年只是简单地为他的同伴们的行为进行辩护，他们不会说自己是多么烦恼或困难，即使有很多解决方法。

当奇迹出现，青少年暗示发生了一些让他觉得不舒服的事情时，要避免长篇大论的教育。这是我见过的高危青少年父母的一个普遍习惯：当孩子们开始讲述自己的事情的时候，微型讲座就随之开始了。一个青少年说，“一些孩子昨晚因为酒驾被抓走了，而我回到了派对”，然后父母就开始了漫长的絮叨，“我告诉过你要远离那些没用的人渣吧，看看你跟他们一起出去都做了些什么……”

让我们回顾下青少年说的话。最重要的部分完全被忽视了，这就错过了一个难得的机会。青少年说“我回到了派对”。即使青少年在车上，他们也可能会说，“我没有驾驶。”我曾经接触过一个小伙子，他参与了非法入侵，但非常清楚地告诉我，“我没有进去破坏这个地方”，他的朋友干了。我认识的一个成瘾青少年，当他吸毒的时候，他是这样解释的，“我没有让自己陷入更严重的麻烦。”在青少年和我们分享他们的故事时，我们错过了这些额外的片段。不要因为我们对可能发生事情的担心而一味地责骂他们，其实我们能帮他们评估他们的行为对自己和他人可能产生的风险。我的目标是让孩子们不要伤害自己。我不想看到孩子们只能用伤害自己的方式获得强有力的身份。相反，我希望之前提到过的那些年轻妈妈们不用背负改变人生的决定就能获得她们想得到的尊重。

没有参与酒驾的这个孩子在我的书中得到了奖励分。我会问他，你为什么留在派对上，没有跟他们一起上车呢？你现在担心你的朋友会遇上麻烦吗？他们可能会发生什么呢？你有什么遗憾吗？我遇到过一个年轻的女人，她在遇到一件与此相似的事情后，因为没有和朋友们一起开车走（即使她没有驾照）感到非常愧疚。

如果对话能奇迹般地维持在这种状态，那么孩子和父母之间将会建立起一些信任感，然后关心孩子的父母们可能会就此类情况跟他们说一些看法。但实际上父母们做的事情往往都是徒劳。所有青少年，除了少数几个特别强硬的，他们都知道上车并且让朋友酒驾是非常愚蠢的行为。但是真正认真倾听的父母也可以为孩子良好的表现给予一些鼓励性的支持话语。这样也能为孩子提供一种榜样，让他们知道如何为他人着想和如何表达自己。“我很高兴你没有上车”就是一种非常简单的表达方式。“你做了一个很好的决定”加上一个拥抱可能会更好。

如果孩子们知道如何确保自己的安全，并且从很小的时候就开始实践，那么他们随时都会评估不同真相的相对价值。但他们需要与不同类别的朋友和成人实践。过于保护孩子的父母正在进行的是一场毫无成功希望的战斗。而我更喜欢通过给孩子们灌输良好的思考方式，而不是试图为他们定制环境，因为这会牵制孩子们的成长。

邀请成人的批判

如上文提到的，发展批判性技能的另一种方式是邀请孩子挑战家庭的价值观。对我们大部分人来说，这尤其困难，因为我们都习惯了自己固有的信念，更糟糕的是，我们还觉得是合理的。培养青少年就应该挑战这种自满。创作歌手南茜·怀特（Nancy White）写过一首很有趣的叫做《女权主义者的女儿》的小歌。在这首歌里，她详细说明了开放的父母苦恼于如何培养思想保守的孩子的历程：

为何女权主义者的女儿容易受伤？
为何女权主义者的女儿很痛苦？
为何女权主义者的女儿总是疯疯癫癫？
为何女权主义者的女儿善于调情？
她们说，“妈妈，我能洗盘子吗”，或者，
“能让我为哥哥做个苹果派吗？”
她们是真诚的吗？
她们疯了吗？
或者她们其实是想让妈妈做这些？

难过的是，这首歌中有一些真实的成分。一个家庭的价值观越死板，一个孩子就越难挑战它。一个孩子在家中越难表达自己，那么，一个价值观相冲突的朋辈群体就越可能在孩子的生活中占据支配地位。

除此之外，我们的养育方式一定要随着时间改变，任何一个养育过一个以上孩子的人都会这样说。当孩子们将新的挑战呈现在我们面前时，我们自己就会对自己的价值观进行批判。“我绝不……”这种表达很快就会被“好，对他们来说，这好像也并不坏……”取代。好像什么都没变，但我们永远都要思考“养育”这个问题。我们的孩子也是这样，尽管他们的声音往往比我们要弱小，但也有发言权来表达什么样的关心好，什么样的关心不好。所有这些加起来塑造了一个永无休止的关于真理冲突的故事，源自于我们原生家庭的真理，然后混合很多不同的想法进行重组，就像我们在早餐时候给混合橙汁中加入浓缩果汁一样。我们的孩子很难脱离我们的真理，也很难用我们还没想到的方式挑战我们并重建自己，就像我们可能偶尔也对自己父母所做的那样。

第三章　失与得

跟我有过工作接触的青少年告诉我，控制别人对他们的看法是自我感觉良好的最重要方面。当没有积极标签时，疯狂或越轨行为同样能给他们带来优异的学校表现感。这都依赖于每种行为对孩子的意义。

马丁·古登（Martin Gooden）最近做了一个关于美国黑人青少年和白人青少年的研究。研究发现，在黑人青少年的越轨行为和自尊之间存在一种奇怪的关系。成绩不好的黑人青少年，并没有因此觉得沮丧，而是不再将学校作为实现自我价值的地方。相比之下，研究发现，成绩不好并有越轨行为（违背法律，旷课或暴力）的青少年实际上比那些只是成绩不好的孩子的自尊感更强。对那些努力获得优异成绩的白人孩子来说，这些并不成立。对他们来说，学业成绩不好是对他们自我认同的一种威胁。

在解释这些结果时，我们必须考虑到青少年更广阔生活背景中的两个种族。黑人孩子不相信学业成功能给他们带来同样的报酬（身份，一份好工作，金钱），而学业成功却是白人孩子所期盼的。换句话说，面对种族歧视的存在，一些黑人青少年会发现，比起努力获得好成绩，做一个“坏孩子”可能更能显示他们的能力。白人孩子就不一样，他们很自信，如果他们能在学校中获得好成绩，他们就能进入更高等的学校，经济福利就会随之而来。

我接触过的孩子们，不管肤色或经济条件怎样——黑人，白人，亚洲人和土著人，穷人，富人，城市的和农村的，他们告诉我，当他们觉得学业上的成功无法给他们带来足够的回报或者他们最希望获得的成功非常有限，街头闲逛和街头智慧就成了他们获得自我良好感的更好方式。

创造一个积极的身份有三个步骤。第一步就是要获得好的名声让孩子们自我感觉良好。接下来就是要维持这个好的名声，即使它不足以完全获得幸福感。正如我从一些青少年早期生活中领悟到的，强大的攻击是他们最好的防御措施。风险青少年很多时候都在挑战其他人强加的却被他们拒绝的标签。

如果我们停下来，认真与青少年交谈，他们会很耐心地解释这一切，而且还会对我们作为成人却有限的理解能力表示极大的同情。我们只需要去问一些合适的问题。我们可能会听到，当没有人知道谁是带头者时，获得身份的过程就更像是双人舞。

性或拥抱?

杰辛萨，16 岁，她的父母几个月以来经常到社区精神健康中心来找我。她很明确想成为一个带头者，这让她的父母非常失望。在这个过程中，他们其实越俎代庖了。毫无意外，这的确是个问题，但隐藏更深的问题是杰辛萨情窦初开的觉醒。

杰辛萨有一个比她大几岁的男朋友。没有人知道，甚至包括她父母。他们带杰辛萨来见我是因为她和她爸爸吉姆之间的反复争吵。她的妈妈帕梅拉哭着解释到，她被夹在他们俩的争吵之中，充满无力感。她只能不停地说“停下来吧，我受不了了”。

吉姆是一个看门人。他是一个非常善良、单纯、说话很谨慎的男人。他来到中心时，总是看起来好像有些害怕的样子。这并不奇怪，因为中心对他来说是一个没有归属感的地方。他比我年长十岁。我确定我的年龄、我的办公室还有我的穿着都是与我的“咨询身份”相配的，这些大概让他觉得很不舒服。尽管他觉得不舒服，但当杰辛萨坐在椅子上时，他还是会说话，分腿坐着，手指伸进贴身的名牌仔裤的口袋。

在我们初次见面的几天以前，吉姆已经因她骂他打了她一耳光，她冲他脸上就弹了一根点燃了的香烟作为报复。那个时候，我的办公室还不是很大，但即使是一个教室那么大也不够承载这个家庭的张力。杰辛萨只是看着地板或盯着我墙上的艺术品，似乎是在欣赏，没有人知道她到底在想什么。

我的办公室是在走廊的尽头，我还记得杰辛萨的父母带着这个打扮时尚的女孩过来找我。她夹在他们中间，吉姆和帕梅拉站在两侧，似乎在担心女儿会随时逃跑，其实他们不需要担心。杰辛萨并没有因为去看一个“治疗师”而焦虑，她用这个术语向她的朋友们描述我。她的任务是让父母得到帮助，最好的途径就是参与，以及让他们关注她。并没有多久她就开始说话了，因为她意识到了她的父母耗尽了所有时间在解释什么是他们所认为的问题。

当她的父母停下来喘气时，杰辛萨开始了反击。“当我妈妈、爸爸还有我开战时，看起来总是我引发的战争，但我并不是本质原因。我一直告诉他们，这是他们俩之间的问题，绝对不是我。”

“不是这样，”帕梅拉急忙说，“你总是顶嘴。”

“你用点燃的烟扔我。”吉姆冷静地补充道，但很明显他不确定这一切会怎样。

杰辛萨转向她的父亲，饱含泪水，伴随着愤怒的声音，“我觉得我必须那样做去证明我自己，告诉你‘你是错的，而我是对的。’我向你扔点着的烟是我不对，但你也不应该打我耳光。”

我糊涂了。谁是不对的那一方？事情很明显已经失去控制了，但杰辛萨真正的故事是什么？在随后与她的单独会谈中，我开始越加了解她在家中和街头发生的事情。从她那里听到，大部分冲突都是她母亲和父亲之间的。她的母亲不断地让吉姆做这做那，而他总是以忿恨或冲她大喊作为报复。杰辛萨很讨厌吵架。吉姆认为，如果不是他的妻子，他至少应该能告诉她的女儿该做什么。他不想过度控制她，实际上他是一个非常绅士的男人。

“如果爸爸放手让我成长，那他一定很伟大，”杰辛萨解释道。“我的妈妈，每个人都喜欢我的妈妈，他们觉得她很酷，因为当我睡完一大觉的时候，她会跟着我们，陪我们闲逛。而且我爸爸总是带我们去各种地方，去跳舞、吃东西，所以我所有的朋友都与他们相处得非常好。我有这样的父母，加上我的朋友与父母相处融洽，这对我来说非常重要。基本上，我的朋友来家里，我爸妈都会说，‘厨房在这里，可以来这儿拿你们需要的东西。’”

那为什么会出现问题呢？杰辛萨似乎乍一看是在朋友和家庭之间徘徊，她喜欢她的父母，甚至能与他们交流，并且她能带自己的朋友回家。但我发现，她的角色和她一直坚持的身份已经变得非常混乱了。这其中有她父母的原因——吉姆有时候的过度控制，也有她朋友的原因——他们告诉她，她对父母的愤怒太“激烈”，当然还有性的原因。

杰辛萨对父亲的控制感到很厌烦，于是她离开家想摆脱父亲的控制，去寻找坚持自我的路，也是在寻找不同于她的朋友，让她感觉更加成熟的路。据她所说，当她遇到她的男朋友时，她找到了她想要的路。

“与我厮混过的一些孩子，如果你没有性行为或男朋友，就会问你是不是有什么问题？但现在跟我经常一起玩儿的朋友，如果没有性行为或男朋友，他们就会觉得你太愚蠢。我们是否发生性行为，不是因为考虑到非处女身份会带来的人气。”

“你决定怎么做呢？你想加入哪个群体呢？”我问道。

“十年级上到一半我就换了。我也换了学校，试着与一些不同的人相处。但我的爸爸说‘我出500美元让你去另一所学校。’但是我说‘我要么去这个新学校，要么就退学。所以你没有其他选择了。’我并没有因为他说的话就去了我不喜欢的学校。”

“但其实不仅仅因为是一个新学校，对吗？”我说。

“是的。我喜欢我自己，当我在那个学校的时候，我好像变得更好了，我也没那么好欺负了。我与一起玩闹的朋友们经历了不同的人生阶段。跟我男朋友杰夫在一起时，我更喜欢我自己了。他也一起去了我的新学校。”

“新学校有什么不同吗?”

“有啊，我努力改掉自己在朋友面前的暴脾气。而且我不想变成一个太吵或引人注目的人，尤其是在大人面前。像我的朋友茱莉，她非常吵闹而且很讨厌，因为这点，大家不太喜欢她。大人们不喜欢，我也不想变成那样。但我也想变成一个善于交际的人，能与人们交谈。”我心想，她其实很清楚自己在这方面没有问题。

“与杰夫在一起，是怎么帮助你实现这一切的呢？我不太明白。”

“他十八岁，这就是不同的地方。我和我其他的朋友不一样，如果有男生看她们，她们就会呵呵傻笑。我过去也是这样。上周是我们的一周年纪念日。那一年，我们分手了五个月，但最后还是重新在一起了，而且决定一直在一起。我真的很喜欢和他在一起。”

“那么性行为呢?”我问，“你父母不知道你们的关系已经进展到这一步了吗?”

“我很多的朋友，当她们的父母发现她们已经发生了性行为的时候，她们的爸爸真的就骂她们是荡妇。我害怕这样的事也发生在我身上，所以我并没有告诉他们。但我觉得我父亲如果知道了也会这样说我，他会担心和生气。所以即使他不确定，他也会认为我是一个荡妇。”

有时候我会有种不祥的预感，就好像坐在云霄飞车上，从山顶急剧下落的感觉。杰辛萨在她的父母和朋友之间徘徊抉择真的很让人不知所措。杰辛萨为了成为一个能掌控自己生活、身体和思想的强大女性不顾一切。为了获得这样的身份，她所有的人际关系都承受着巨大的压力，即使是和杰夫也是。

“我只是想和他在一起，拥抱或其他，因为感觉很温暖很舒服。我喜欢这种感觉胜过性行为。比起我们做过的任何事情，我更喜欢拥抱，他也是这么说。我觉得性行为能使两人的关系更亲近，这也是我同意发生性行为的原因。但发生关系不单是他自己的决定，我只是做我想做的事，他这方面对我很尊重。很多人说，‘你太年轻了，不要轻易发生这样的关系，’但我真的觉得我是会跟他过一辈子的。当我和他在一起时，我觉得特别幸福和舒服，其他任何人或事情都不会让我有这种感觉。”

我们俩在一起努力解决三件事。两件是我计划中的，另一件纯属是碰巧的。开始，杰辛萨会和她父母谈论关于性方面的事情。先是她妈妈，然后是她爸爸。这样能减少他们的担心，也让杰辛萨在家里的压力减少了很多。至少让他们知道她在做什么，没有他们想的那样糟糕，还能接受他们的女儿和她的性行为问题。他们也能给她一些建议，能让她去见医生做好避孕，甚至开始去了解她的男朋友。而且他们也能让杰辛萨知道他们对她如此年轻就发生性行为的看法。像她的父母一样，我更希望杰辛萨再等等，但我们对她的反对越少，才更可能达到我们的期望。毕竟，杰辛萨没有刻意寻求性关系，她寻找的只是亲密感和成人自我身份感。

第二件事情是吉姆和帕梅拉开始找我来解决他们的问题。他们在家里给杰辛萨提供成长空间，让她继续生活。她有她的问题，她父母也有他们自己的问题。杰辛萨感觉很开心，因为父母开始相互交流了，而且她在其中发挥了很大作用，她觉得自己像个大人了。

简言之，也许就是因为上述事情的发生，她与杰夫的关系对她不再那么重要了。第三件事情就是他们的分手。她的父母和我没有给她太多的引导，杰辛萨就停止了与杰夫见面，并转向了另一个不同的朋辈群体。在那里，她感觉到成熟、被接纳还有安全感。在这个群体中，她决定一段时间内不再发生性行为。

我最后一次见杰辛萨的时候，她告诉我，“现在我身边的人们，他们不喝酒，也不嗑药，这让我更容易成为我想变成的样子。甚至在家里，我也不用隐瞒我在做什么。我都会告诉妈妈，聚会上有酒。过去我经常喝酒然后就吐，现在不会了。而且妈妈还会说‘你能告诉我这些，我很高兴。’现在，我大部分时候都与这些新朋友一起出去玩。现在与爸爸妈妈相处轻松了很多，他们也不会因为我在做什么而紧张。”

像杰辛萨这样的青少年，他们的身份是从多种可能性中拼凑出来的。像性这样的问题，对很多年轻女性和男性来说是非常隐私的事情，这在更广阔的社会领域中有更强大的意义。成人总是说服自己，他们的孩子只是为了让自己在性方面变得更有吸引力而已，或是利用性作为一种愚蠢的反抗方式，因为道德放纵或精神不健康而在性方面的问题上表达错误。有研究表明，通过与青少年的持续性对话发现，他们对性的表达比起成人华丽的辞藻更有目的性，更能让我们相信。少男少女们意识到了没有保护措施下采取性行为的危险性，关系的重要性，还有即使是一夫一妻制（与一个伴侣结束之后再开始下一个）

也会带来的情感创伤。但他们还是会坚持自己的行为，正如我们那时候一样。但像纳奥米·沃尔夫这样的女权主义者认为，性行为和如何表达性行为与权力有关。很奇怪，难道我们没有告诫孩子们要保护好自己的身体吗，他的身体不应该被尊重吗？这难道不是我们希望年轻女性和男性拥有的权力吗？对自己身体的控制权不是他们精神健康的衡量标准吗？这里刺激到我的问题不是青少年的性行为是不是健康与否的标志，而是谁决定着荷尔蒙的迸发呢？父母，还是青少年自己？

我承认，我们几乎没有给青少年培养健康的自我意识提供机会，导致性成为了他们最明显的选择，这让我觉得很悲哀。我认识的很多青年人，他们很早就有了性行为，之后又会深深后悔。对于人生某一阶段的身份认同问题，到后来可能会发现并不是所期望的那种解决方式。像文身一样，性所带来的负面影响会伴随我们一生。我感到欣慰的是，最近我认识的越来越多的青少年开始冷静地尝试性行为，但避免性交。同样，有一些文身的孩子，他们使用的是印度的一种叫做“Mahindi”的技术，文身只会维持几个星期，然后就褪掉了。据我看，这两种方式都是可以利用的。这既给了孩子们尝试的机会，又能让他们获得一种不被操控的身份。

当然，不是所有我认识的青少年都有杰辛萨的自觉，能避免非健康途径所带来的更严重的后果。在一些案例中，有些青少年为了获得自我控制、自我权力意识，可能会导致他们跌入更危险甚至是自我毁灭的深渊。

纵火烧桥（和仓库）

我见到安德鲁的时候，他因为烧毁仓库正拘押在狱中。虽然估计损失了好几万美元，但幸运的是没有人或家畜受伤。我第一次见他的时候，他正在申请进入安全拘留中心，我曾在那儿当过咨询师。他被搜身，并且他身上所有的东西都被拿走了。洗完澡之后，他穿上了灰色衣服，等着转移到他的生活单元。那天他话很少，好像之后的很多天也是。他大部分时候是一个孤独者。他的档案上贴着一张悲伤的照片，一个 17 岁的青少年，先前被诊断为自杀和抑郁，接受注意力缺失症的药物治疗，而且可能将要在狱中度过一年时间，尽管一半的时间可能在社区开放的管教所。

安德鲁以前从来没有违过法，但他很长一段时间都在破坏法律，只不过没有人真正知道。尽管他的成绩几个月内下滑得很厉害，但他在学校一直是个好学生。当地的社会服务机构都对他没什么了解。他以前做过唯一一件鲁莽的事情是写了一个评论说他想死，然后用血字签名，并把它附在他在英语课上写的一个恐怖文章里。或许比这更极端的是安德鲁是一个贪婪的读者，他喜欢史蒂芬·金（美国恐怖小说家）的小说和类似《女巫布莱尔》这样的电影。他的学校辅导员非常认真地对待这件事情，但拜访了几次儿童心理学家得出的结论也只是说他想象力丰富和正常的青春期焦虑。

经过注意力缺失症的药物治疗，他回学校已经没什么问题了。实际上在接受治疗时，他有很强的学习动机，在学校表现得很好。当他进了监狱时，我们要问自己，“这个孩子来自哪里？”一个干净、礼貌、机灵，可能还有一点点低迷的孩子，但某一天突然烧了邻居的仓库。这看起来似乎无法联系在一起，直到我跟他谈过之后。

他提醒我注意电影《美国丽人》中的邻家男孩，这个男孩因为古怪的行为和在家中遭受身心虐待被同伴排斥。人们不知道安德鲁是不是一个令人毛骨悚然的人或者只是有些古怪，这是他进监狱前的样子。他决定通过让自己进监狱来弄清楚他到底是谁，这听起来可能有些奇怪。

“我的父母一点都不了解我，我的事情他们什么都不知道”，这是我听到安德鲁第一次对成人（我或其他人）说的完整句子。我了解到，在家里，他是经常被欺负的“傻”孩子。他在孩子中排行中间，却很少获得像妹妹那样的自由或兄长那样的特权。他被夹在中间，似乎大部分时候都是被忽视的。他和大部分孩子打扮得差不多，生活得差不多，实际上他们就是一群不起眼的青少年，甚至学校辅导员都从没注意过他们。他的爸爸是一个建筑承包商，妈妈大部分时间在家中抚养孩子，当社区需要的时候也会去做些志愿工作。

听安德鲁说，为了摆脱被忽略的处境，这次放火是一次不顾一切的尝试。“我太累了，没有人了解我，所以我毁掉了仓库。我知道我会被抓。因为我留下了足够的线索，他们一定会查出来的。”仓库的主人和他父母都互相认识。他用的是他父亲的汽油，并留在了犯罪现场。因到处都是他的靴印，所以警犬很快就引导着警察找到了他。

“我不在乎我会怎样，也不在乎我是不是会被抓。这都无所谓。我是在监狱还是在家又有什么关系呢。”

“你的父母非常难过，”我说，我知道这绝对是他期待听到的。

“啊哈”，这就是他的回应。

以纵火作为一种解决问题的方式，以一年监禁作为一种最有效的途径来获得强大身份，这对我们大部分人来说是很难想象的事情。但不管怎样，安德鲁解决问题的方式在他的同伴中并不是唯一的，他们只是想得到我们大人的关注。一直让孩子们生活在安逸的环境中，促使他们以如此强烈的方式来引起成人的注意。我们需要站在他们的世界诠释他们的观点。

前面章节里提过的生活在集体之家的艾利森，她告诉我，当她在安置点时，社区的人都认定跟她生活在一起的青少年都是坏孩子。虽然很多孩子在那里是因为他们的父母很坏或是有精神病，但即使是这样，好像还是无法阻止邻居以这种方式看待他们。没有争吵，艾利森和她的同伴还是继续忍受这样糟糕的处境，因为值得：“如果他们认为我们就是这样的，那为什么不遵照这个‘不良’的标签做给他们看呢。”从某种程度看，安德鲁的策略跟他们是很相似的。如果他是个傻孩子，那么为什么不发掘出这个角色，从而成为一个父母和社区眼中真正的傻孩子呢？

“我会做给他们看！”

当然，不是每个风险青少年都是通过使邻居受到惊吓的方式来获得积极身份的。他们不断克服逆境想融入正常生活，让我们这些其他人都忘了他们来自那样严酷的环境。他们想让我们知道，他们能成功，但我们并不总能理解他们这些成就的伟大。

文献是用这些词描述他们的：詹姆斯·安东尼（James Anthony）称他们是坚不可摧的；罗伯特·科曼（Robert Coleman）认为他们是幸存者；诺曼·加美滋告诉我们，他们是有抗逆力的；西比尔·沃林（Sybil Wolin）把他们描述为强大；还有其他一些对他们的描述，如顽强、勇敢、不屈不挠。这些青少年很少在咨询时谈论他们的成功，更不用说他们的成功秘诀了。为什么会这样呢？似乎我们一直期望他们能和我们一样，但作为一个社会，我们应该毫不犹豫地接纳他们。可以说，这些青少年和那些通过问题行为解决问题的同伴一样，需要我们的关注。在我的工作过程中，我很幸运地遇到了几个这样的抗逆力青少年，并听到了他们的故事。贝基就是其中一个。她是把艾利森从她的集体之家中“拯救”出来的人。她很聪明、淳朴热情、很有魅力、讨人喜欢又为人忠诚，每个了解她的人都会称赞她。我见过她是因为她的母亲，一个单亲妈妈，她来找我做治疗。贝基也参与到治疗中，提供支持。当我开始做一个关于有抗逆力特征青少年的研究项目时，我想到了贝基。于是我请求和她做个访谈，她同意了。

“我觉得我已经克服了很多问题，我认为我属于内心强大的类型。”她解释道。

“其他人怎么看你呢？”我问。

“他们说‘贝基，你爱这个世界’。”她笑着说道，仿佛这是真的，但又没有充分解释她的感受。

贝基16岁的时候，给自己的定位是成为一个环保主义者、一个素食主义者和教会成员。见到她的时候，你会忽略掉她早期受过虐待、贫穷，还有这些年生活在一个充满暴力的家庭，眼睁睁看着她母亲遭受着严重的身心双重虐待的经历。通过社区参与，贝基找到了一条跨越过去的渠道。过去的这些将她本性中的乐观勇敢和自信隐藏了起来。她很善于在不同的生活场域中投入不同的期待，包括朋友、家庭、教会和社区。不管她在哪里，她从未失去过自我。

说来也怪，我对她选择加入保守的摩门教，但在参加礼拜的时候却喜欢穿男款裤子、戴鸭舌帽和领带的行为印象深刻。她喜欢和她妈妈在一起，与我们通常发现的很多青少年女孩不一样。

她告诉我，“和妈妈一起走在市区，并没有让我觉得尴尬。”我们都应该钦佩贝基选择适合自己的行为能力。

“我喜欢交朋友。在我爸爸生活的地方，和在我妈妈这里，还有我曾经生活过的地方都有朋友，这会让我的生活变得更轻松。当我非常沮丧时可以有朋友求助，可以有人去看望，或者当我走在街上，有人来跟我打招呼，然后我和他们聊天，又或是当我度过了非常糟糕的一天时，收到一封朋友的信，他们说非常想你，这些都能让我觉得非常棒。”

“有你喜欢的群体吗？成为一个群体的一员，对你来说会更好吗？”我问道。

“没有。我其实不在乎其他人说我什么。我在乎妈妈和亲近的朋友对我的看法，不是每个人。”

“你知道用不同的方式对待不同的人吗？”我问她，试图全面理解她的生活。

贝基看着我，好像在说，我只是没有得到。她解释，好像在对一个孩子说，“当我在我妈妈的饭店工作时，看到其他工作人员聊着真正粗俗的东西，即使是对大人，我也经常会想幸好我不是那样。99%的顾客都是大人，所以我不得不与他们的行为不同。我必须要知道怎样在青少年和大人之间转换不同的行为。”

我觉得我最后明白了。贝基是一个旅行者，她能在她生活的不同环境中，以不同的形象展示自己的力量。当被叫来做事的时候，就像个大人一样。跟朋友在一起时就像个青少年的样子，是一个很好的朋友。去教堂，参加社会活动，被大家尊重。但不管你在哪里，都要尽可能地做你自己。贝基做得很好，她能让我们每个人都相信她为自己所做的选择都是很好的。像我曾经说的那样，对我们而言，当青少年选择的自我形象符合社会期待的时候，我们就容易接受。

维持身份

身份的获得需要维持。为了保持这种积极健康的青少年形象，朋辈群体和家庭发挥着重要的作用。我们干预、试图控制他们，用我们的自我替代他们的自我。我们担心安全问题，我们为他们重新塑造形象，强迫他们进入新兵训练营、学校和接受治疗，就好像我们，比如弗兰肯斯坦博士知道什么形式对他们是最好的。我们错误地以为，他们是我们创造的，所以要替他们做所有选择。

有时候，摆脱了控制的孩子们会让自认为处于掌控之中的我们受益匪浅。不论好坏，这些孩子和他们的同伴都是社会的晴雨表，让我们知道作为一个社会，我们做的如何。一直都是这样。维多利亚时代的问题孩子是遭受虐待、被卖、被流放到殖民地、被安置在作坊里或被奴役为烟囱清洁工或矿工——这些摧毁了他们简单的自我期望和应对所处时代可怕的生存条件的想法。当今，世界各地被抛弃的和离家出走的街头青少年经常会被一些地方的准军事部队谋杀，或强迫他们卖淫或犯罪。

一个危险的生存者

对一个青少年而言，维持一个身份意味着永远的建构、重新定义，以及共享一种为了生存而奋斗不息的自我界定，这是贝基的故事让我体会到的。17 岁的汤姆是一个危险又具破坏性的孩子，他让我理解到了不良青少年是如何做到与贝基相同的那些事情的，他们依靠社区、同伴、家庭来增强自己的身份。高大强壮的汤姆走到哪里都会引起关注，但引起关注的原因与贝基却不一样。

一天，汤姆用类似说唱的沙哑声调告诉我，“我希望人们认为我是个坏蛋。”就好像在说，“听着，我就是这个样子的。”

“当我走在街上，如果有人盯着我看，我就会走过去问他们在看什么，问他们是不是有什么问题。我只是在街上走而已，他们却盯着我看，这让我很生气。我非常想知道他们为什么看，但他们总是说没什么就走开了。”

不可否认的，如果你的目标是成为“小浑蛋”，那这会是一个吸引人们注意的不错策略，毕竟汤姆没有其他选择了。

我在办公室见过汤姆几次，他是由地方矫正机构的人员陪同一起过来的。但直到我们在他家见面之后，我才开始真正理解他的生活和他做过的选择。我是在某一个下午去的他家，别墅里很多人，大部分是亲戚，也有一些朋友。他母亲黛比，坐着在喝茶，一些男人在喝啤酒，一台很老的电视里在放着午后肥皂剧，但它的声音马上就被几个谈话的声音压下去了。汤姆还是一如往常的安静，孤独地一个人待着，尽可能用简单的语言表达他的想法。

“如果你喜欢的话，我们可以去地下室见面。”我想知道我们可以在那里谈话，想和他聊聊他的父母和朋友。他同意我的提议，甚至对在办公室之外的地方见面表现出了兴趣。我感觉像是一个侦探，但这是绝对不可能的，作为专业助人者，只有了解他们的生活环境，才能了解他们。

对汤姆来说，家里的例外比规矩更多。近四年里，他很少和他的兄弟姐妹或他妈妈在一起。要么是寄养在别处、集体家庭，更多的时候是因为偷车被拘留。黛比也因为个人情况的改变举家迁徙。她和她的儿子一样也是一个幸存者。她的七个子女分别是五个男人的孩子，有时候她自己都不确定谁是谁的爸爸。酗酒、虐妻、虐童是这个家庭的特征。在他的兄弟姐妹中，汤姆联系最多的是他 18 岁的哥哥杰森，他因为盗窃被监禁了一年。

“没有人会招惹他。”汤姆解释道。

“为什么呢?”我不是很明白，于是问道。

“你没见过他，如果你见过他你就知道了。这里的人们都知道招惹了他不是什么好事。当他在监狱的时候，人们也是这样。”

汤姆偶尔还是会去看他的父亲罗伯，但罗伯对他并没有太大帮助。黛比让他给儿子找个地方做汽车修理工学徒，但直到现在也没结果。汤姆与他的一个继父巴里挺亲近，但巴里像其他几个继父一样，突然就离开了这个家庭。他出去喝酒，再也没回去。汤姆最坏的记忆是大卫，和他母亲生活了五年的丈夫，那时候汤姆还很小。大卫经常让他跪在螺丝上，并在身前张开双臂举着书。比跪着更严重的一件事情是当他放下书时的挨打。

“你觉得谁算是你的家人？”我问他，试图弄清这个问题。

“除了我妈妈，没有其他人。我的朋友是我兄弟，还有杰森。”

“你加入了当地的团伙组织吗？”

“五人以上的就可以称作一个团体吧，谁真的在乎呢。”他回避了我的问题，我也没有继续追问，至少不是在那次见面中。

对汤姆来说，由于经常搬家和监禁，维持与朋友的关系是一件很困难的事情。他希望他妈妈能在一个地方安定下来，但他知道这是不可能的。黛比目前的伴侣是一个暴力的酗酒徒，看起来她应该不会跟他在一起很久。这个家庭只剩下福利救济，这意味着没有钱让汤姆报名冰球队或足球队了。他偶尔去学校，他说，希望有一天能成为技工，尽管他没有参加学校的汽修班，虽然学校开设了这个班。

“我在监狱的学校做得很好，但如果不在监狱就不行了。在里面的时候一切都很好，我可以打冰球、训练。在监狱里，所有我们无法承担的事情都可以实现。”

我对他的世界越是了解，对他粗暴、强大和越轨的需要就越是能理解。但通过这样的手段得到人们的关注需要有些警觉，或是以其他人的身份下滑为代价。汤姆反击那些他认为对他有威胁的人。可能对我们来说，这不是一种健康的途径，但对于汤姆来说，他的朋辈群体和街头打架是维持自己强大身份的一种最合适的方式。

维持“健康”身份的越轨和非越轨行为是什么呢？不管是汤姆还是贝基，他们的经历告诉我们，他们寻找个人效能感。这是一个很大的动力。虽然有时候看起来不可思议。青少年往往在最荒谬的才能方面表现很好。这就像他们知道如何打断一次和谐的家庭晚餐一样简单。有的孩子擅长破门入室。有他孩子非常善于社交，能在不同朋友群体之间游刃有余，幸运的是，一些孩子的才能通过学校或艺术就能表达。

不管是什么技能，当这些技能在他人面前得到展现时，孩子们的身份才能得到最好的维持。作为监护者和父母，我们的工作就是发掘孩子们身上的优势。适用于一种情境的技能也可以应用到其他情境中。但当我们让他们遵守规则时，却忘了鼓励孩子们发挥自己的优势。这太惭愧了。像汤姆这样的青少年，可能会成为一个优秀的冰球员、一个真正高大强壮的拳击手。我个人反对运动中使用暴力，但我似乎是少数会在周日晚上涌向冰球场的人。在一个理想世界中，汤姆有机会把他的街头身份带到冰球场上，哪怕只能得到半点机会，或许也会证明他符合我们所认为的健康的标准。

哪些才能有价值，哪些被摒弃，很大程度上是由权力决定的。能力取决于环境的需要。巧合的是，对于士兵和可能成为小偷或加入犯罪团伙的问题青少年来说，掌握开枪和格斗的技巧都是必要的才能。我们很清楚，没有最好，只有更好，总有一种行为更好。这对我们成人来说很难接受，但我们的孩子不一定这么认为。如果你来自一个让你很有归属感的地方，那么使用小型武器的技能可能会更好地保护你的国家。但是如果你的成长充满了被压迫、被排斥，就像我接触过的很多青少年所说的那样，谁能说孩子们发起的战争不是在反对社会的压迫和排斥呢?

像汤姆这样的青少年，暴力和偷窃行为都与道德无关，他做这些是因为他需要。这不是为他的行为找借口，而是实事求是地承认这就是他的行为方式，这不完全是在耍手段。大部分青少年不是寻求超越他人的权力，也不需要绝对的权力，他们只是需要足够的权力体验健康。当今社会对“权力”这个词的使用已经被过去一百年的过度使用给破坏了，导致我们不情愿与他人一起分享我们的权力。实际上，权力是可以而且是应该共享的。正如社会心理学家艾萨克·普利德斯（Isaac Prilleltensky）解释的，对他人的赋权不需要以削弱他自己的权力为代价。

在青少年争取自我身份的过程中，有些孩子比较幸运，他们的行为能为社会掌权者所接受，如老师、警察、政客，有时候还有父母。然而，不幸的是，汤姆的生活中充满混乱，他只能通过展现仅被少数人认可的才能来维持他的精神健康。那些试图对他的生活进行干预的人，逐渐了解汤姆不是一个坏孩子，只是一个没有什么选择余地的孩子。我们的目标变成了帮助汤姆找到能给他带来归属感和效能感的地方。不幸的是，对于这样一个青少年，很难有地方愿意敞开大门接受他。

抑郁还是艺术

相反，13 岁的玛吉是一个很有才华但有自杀倾向的孩子，尽管她面临着精神健康问题，但她的艺术才华得到了掌权者的认可。她争取“艺术家”的自我身份与汤姆争取“不良青少年”的自我身份一样困难。但不管怎样，玛吉的解决途径就是获得更多的尊重。

玛吉 13 岁的时候，已经入过两次院了，而且还诊断出一些其他的很难治疗的问题：抑郁、失调、心理失常是我从她两英寸厚的档案里看到的描述。她曾经因为父母婚姻的破裂和随后母亲被确诊为癌症有过几次自杀行为。她无忧无虑的中产阶级世界就这样被摧毁了。现在她和母亲一起生活，依靠微薄的残疾人抚恤金生活，还要去适应她父亲和他的新妻子，跟两个家庭协商，还有种种摧残着一个 13 岁孩子的其他问题。

玛吉坦白地告诉我，她如何看待自己的健康：“我很自卑；虽然有人喜欢我，但我非常不喜欢自己。我不知道怎么解释，但我的精神状态就是不太好。”在她和我一起工作的一年半的时间里，她一直都在挣扎地活着。有时候，她会不知所措，于是自杀就成了她的选择。

“我要跟谁一起生活这个问题太难做决定了。这是最糟糕的。就好像是，如果我和其中一个一起生活，那另一个就会觉得很不舒服。但其实他们俩都不信任我。我没有太多自由去做我想做的事。这让我觉得很讨厌。好像我必须按照他们说的去做一样。”

这种无力感导致他在我们约定的某次会面前一晚又发生了

一次自杀举动，这已经成了她厌倦生活和需要帮助时的基本途径。

来到我的办公室，坐下之前她告诉我，“昨晚我试图割腕，”“但我的男朋友兰斯阻止了我。我昨天真是疯了，从来没那样烦躁过。”

我说，“你的生命中有兰斯这样的人，真是一件很棒的事情。”

“我现在的确比以前幸福多了，我不再与以前那些朋友联系。但我一直和兰斯在一起，他们都很担心我，当他打电话给我时，刀子正在我的胳膊上。”

在接下来的几周里，我了解了很多关于兰斯的事情。他16岁，而且玛吉相信他是真的爱她。她所有的朋友都喜欢他，但对于他们俩发生性行为的事她却非常小心翼翼地告诉她的朋友们。“会被叫成荡妇的，诸如此类。我打过很多这样直接当面说我的女孩子。当你被这样称呼的时候，你就会相信你的确是这样，然后觉得自己特别糟糕，你会变得丑陋不堪。但之后，有些事情又会改变。人们真的开始喜欢我，并给我很多称赞。”玛吉将这种改变归功于自她母亲生病之后认识的新朋友群体。她以前的朋友无法给予她足够的支持，所以她离开了他们。

在每个群体中，吸引其他人注意的不是因为玛吉是一个“自杀的”小孩，而是她的“艺术家”身份。她非常有才华，而且她很多朋友都把玛吉给他们画的肖像漫画贴在家里的墙上。有一段时间，甚至我的办公室里也有一幅。一个很大的脑袋，比脑袋小很多的身子坐在旋转椅上。她很喜欢用这样的方式来展示她的才华，而且也能让她的学校或朋友们开心。她大部分作品是用铅笔画的，但当她能买得起的时候也爱用颜料画。

有好几次她告诉我，“我很喜欢自己作为一个艺术家被人们记住。”

了解玛吉的过程就像是观看一个活动的跷跷板：玛吉身上有两种相互竞争的自我，每一种都在试图拯救她，但都不足以强大到使这种平衡向对自己有利的方向倾斜。但事实上，玛吉在这二者之间有自己的选择，这份选择意味着她有望寻找到自己的方式，从而跳出自我毁灭行为的循环。遗憾的是，在我搬走之后就与她失去了联系，我不知道她的艺术家自我是否将她从一个自我毁灭的青少年中拯救出来。

起飞

青少年在探索自我的过程中会通过多种不同策略用来维护自我。和玛吉一样，很多年轻人在父母离婚之后面临选择和谁一起生活的问题，有一些人面临着选择什么时候和如何开始性行为的问题，比如梅丽莎；还有一些孩子要决定去哪一所学校或是是否要去上学，比如汤姆。当他们处于人生特定时刻时，他们参与的朋辈群体一定在某一点上最适合他们。正如我们所看到的，一些人会加入教会活动，一些人会加入男生女生俱乐部，还有一些人会加入街头组织——青少年通过朋辈群体界定自己，因为得到朋辈群体的接纳是最重要的。那些加入街头组织、吸毒或入狱的青少年也是在寻找被接纳的方式，只不过是在拒绝他们的群体之外实现的。

还有其他一些青少年选择放学后打工或辍学直接做全职工作。一些选择去旅行，一些搬去街头，因为那里让他们感觉比在家要好。每一种选择都会改变孩子的生命轨道，虽然很多孩子是被迫从有限的可能性中做出的选择。罗伯特·桑普森（Robert Sampson）和约翰·劳布（John Laub）做了一个叫做“转折点”的研究，认为青少年累积的不利因素会妨碍他们的成长，并不是每一扇门都对青少年敞开，不是每一个自我都能得以保护。

有时候，我会在办公室的白板上用非常明亮大胆的色彩画上弧线。我与父母们谈论他们孩子的生命路径，解释早期生命中极其微小的变化是如何对之后的生活造成巨大影响的。我经常发现，孩子们其实和父母一样，希望自己的生活能按照可预测的模式发展，但不可预料的改变总能将安排好的完美计划摧毁掉。孩子们可能要学会去适应那些他们没有资源应对的事件，如性、身体和情感虐待，贫穷、残疾、疾病、混乱和偏见等。

当孩子们开始摆脱控制时，了解他们生命的拐点能帮助一个孩子或他的家庭明白如何将他的生活拉回正轨。如果一个孩子以前的生活故事被重新认识，那么他们可能会觉得以前放弃的生活路径值得重新审视。当然可以对情感、社会还有经济等资源有必要用其他方式进行整合。很多时候，往往最希望青少年改变的人反而妨碍了他们的改变。父母（“除了制造问题，你什么都不会”）、老师（“你太笨了，从来没及格过”）和服务机构，如社会工作者、精神病医生、矫正官、心理学家，还有青少年工作者（“你有心理疾病，情绪混乱，有问题”）等的反映导致青少年在自我观念上形成了狭窄的社会舆论。在这些情况下，青少年还不足以获得并保护自我认同。为了反抗这些强加到他们身上的负面标签，青少年发起了挑战。

挑战

艾利森知道人们在用一种她不喜欢的方式看她。她离开了她的集体之家，找到了自己住的地方，但像艾利森这样身单力薄的一个青少年，她是怎样坚持并且挑战人们施加给她的负面标签的呢？通常情况下，青少年的应对方式是一些不适宜的语言和行为，粗糙又不完美。不久之前，艾利森自己照顾自己，努力做出改变，她找到了让自己变得更强大的途径。不幸的是，没有人意识到她这种抗逆力途径正是通过越轨行为发展起来的。

我们第一次见面时，艾利森是一个愤怒的、鲁莽的 15 岁孩子，她对任何想帮助她的人都持怀疑态度，但又极度希望有人能向她施以援手，告诉她该如何表达自己的感受。艾利森亲眼目睹过她嗜酒的父亲不停地殴打她嗜酒的母亲，不过父亲在她 10 岁的时候因为一场摩托车交通事故去世了。她哥哥延续了暴力行为，经常打她和妈妈南茜。妈妈却因为自己的挫败，开始打艾利森。最后，艾利森用她的姓凯蒂，来到家庭和儿童服务中心求助，要求她们为了自己的安全带她离开。五年之间，她经历过五个寄养家庭和三个集体之家，变得越来越无法无天，成为学校和家庭最叛逆、最顽固的那种孩子。她母亲几乎就把她抛向了社会福利机构，非常尴尬地看到她的女儿被带走，不愿因为她引起的问题承担哪怕任何责任。当凯蒂没有发生越轨行为时，她的回应方式是自杀。

当她被她的社会工作者引荐给我，我们第一次见面时，她告诉我“我有时候很敏感，”“有时候我会疑问‘为什么我在这里?’比如，当我放下和妈妈的电话时，就会问‘为什么我在这里，’为什么会这样？当妈妈说，‘我不在乎你做什么’时，我觉得这次不会让我难过或从未让我觉得难过。但其实内心已经潸然泪下。每次都是这样的。”

她边说边流泪，哭花了眼妆，黑色的泪痕爬满了脸颊。

在她冷静下来之后，我问她“你还有自杀倾向吗?”

“不了，我曾经常常有过。有时我只是通过书写的方式来发泄，这会让我感觉好一点儿。我相信在这里的每个人都有自己的目标，但我到现在还没找到我的目标是什么。我们都是因为做了一些事情被送到这里，不管是好的事情还是不好的，但我还没弄明白为什么我会被送到这里。”

她的这段表述是充满希望的。虽然她已经就一些问题向我求助，我们大部分时间都在讨论她的优势和隐藏的抗逆力。

她的优势让她与贝基以及贝基的母亲科拉建立起了良好的友谊。当贝基告诉科拉她的朋友需要帮助时，科拉就邀请艾利森和他们一起生活。对艾利森来说，这是她五年来第一次为自己生活在哪里做决定。起初，社会服务中心拒绝接受艾利森的决定，虽然他们最终还是在艾利森的施压下批准了科拉的寄养者的身份。

这是一次拯救生命的迁居。我从社会服务中心的介绍信中看到“为了帮助她从过去中解放出来，凯蒂有很多愤怒情绪需要处理”。艾利森选择了在一个温暖有爱的环境成长，这让她在接下来的一年中收获了很多，无论是她看待自己的方式，还是别人看待她的方式，都发生了巨大的改变。她新找到的寄养家庭和原生家庭之间的对比并没有特别明显。她更改了自己的名字，选择以中名艾利森取代了她母亲给她取的凯蒂。

在一个寒冷的周二，她告诉我，“在科拉家里，我能根据自己的意愿做自己想做的事情，而不是别人想让我做什么我就做什么。”她一放学就准时来到我这里，穿着非常薄的外套。我记得当时我在想，天啊，她一定冻死了。难道她没有足够的钱买一件外套吗？然后才逐渐明白我是多么脱离现实。这其实是一件很昂贵的黑色皮衣。她完全按照自己的意愿想穿什么穿什么，不管冷不冷。我给她倒了一杯热茶。

“今天很冷，”我说，不过衣服很漂亮。”她笑了笑，抿了口茶，等她暖和了点儿，我们继续谈论她生活的变化。

“以前我不得不那样生活，和妈妈在一起，我必须表现出最好的行为，而且我觉得人们都在盯着我。在科拉家里，我可以自由地说出自己的感受，但在以前的寄养家庭和集体之家中不可以这样，因为妈妈会发飙！她会发怒的。她会说一些话来吓唬我。”说到这里，她开始使劲摇头。黑色的刘海扫到了眼睛前面，所以很难看到她的眼睛。她深呼吸了一下，然后继续说话，但她的情绪黯淡了不少，总是嘟嘟囔囔说着一些听不太清楚的话。“我觉得她是嫉妒我生活在科拉家里，而且还这么开心。的确，我希望能回自己家，但我知道我不能，因为已经没有用了。”

摇摇欲坠的家使艾利森的生活也不得不跟着一起后退。在她 10 岁要求离家的时候，她就已经展示出了顽强的生命力。

那时候，她的朋友对她成功逃脱起到了很大作用。虽然她的朋友总是被其他人看不起，这让她很生气。

“他们只是一群努力生活的孩子。”艾利森解释道，“每个人都不能孤立生活，我们需要彼此。如果一直跟瞧不起你、不在乎你的人一起生活，就会很难让你开心，因为你不会对自己感觉良好，这是因为其他人不觉得你好。你可以试一试，我知道其他人经常说，‘我觉得自己很好，我不管你怎么想，’但其实在内心深处我觉得他们肯定是在乎别人的想法的。”

“集体之家中的孩子是你最好的朋友吗？还是唯一的选择？”我问。

“以前，我的想法是‘我猜这些应该是和我一起的伙伴，’但后来我对自己更有信心了，我认为‘不，我不需要再继续这样，我不需要只与他们做朋友。我会成长，会找到另外的新朋友。’如果你对自己没有信心，你就会产生比如说‘他们可能不喜欢我，所以我为什么要尝试和他们做朋友呢’这样的想法。我已经进步了！我不只是集体之家的孩子，我是艾利森！”

艾利森是一个为了成就自我而向权威发起挑战的典型。她不仅设法让自己生活到一个能让她拥有自信的地方，而且还与其他群体的朋友保持联系并得到她们的认可。并非随大流，拥有不同的朋辈群体增强了她的自我认同感，作为一个健康的年轻女性她能够成为自己想要成为的样子。她的生存依赖她的朋友们，她每一步都在寻求他们的支持，充分发挥朋友的作用。

现在她正面临的部分挑战就是让她的社区以积极的方式看待她的群体。

“我很烦躁，‘因为不是所有青少年都是一样的’。你是什么样，他们就应该怎么看你，而不仅仅因为你是青少年。他们应该根据行为看待一个人。我现在能按照我的意愿做事，而不是其他人的意愿。以前我不得不那样生活，和妈妈在一起，我必须表现出最好的一面，而且我觉得人们都在盯着我。但现在我觉得我可以讲一些开玩笑的话而不用担心别人的看法。而且和朋友们在一起时，也不需要循规蹈矩。现在，如果人们因为我本身而不喜欢我，那是他们的损失，不是我的。不用担心他们是否接受我、我的穿着是否跟他们一样，或者我的发型是否与他们不同、我的妆容是否合适，这让我感觉很舒服。感觉很好，真的很好。”

每次谈到这个找到了自我的“群体之家的孩子”，我都很好奇。“我很想知道你是怎样让自己保持感觉良好的呢？就好像是我看到一种神奇的灵丹妙药，但却不知道是如何保存的。”

“我觉得我必须要有足够的自尊和自信，这样才能勇敢地面对其他人。像社会工作者或我的妈妈，我告诉他们我想在哪里生活，他们不会阻止我。所以我离开了集体之家，坚守了自己的做法，感觉很棒。”

“我也支持我的朋友们。大人们只是把你当做孩子看待。很多人都是这样看你，并说，‘这就是为什么他们会做这些，因为他们只是孩子。他们还处在青少年阶段。’你知道吗？”她改变了声调，让自己的声音变得更加低沉，模仿那些压制她和她的同伴们的权威者。

“一直从大人们那里听到那样的话。我也想回头对他们说，‘闭嘴！’我很烦躁，‘因为不是所有青少年都是一样的’。他们应该看到你如何做，你是谁，不能仅仅看到你是青少年。”

“他们是怎样看你的？”

“他们总是下同样的判断。”她用假音模仿男中音说道，“青少年都是堕落的，如果他们没有找到自己的路，那会造成更大麻烦。”她轻轻一笑，然后又回到了正常的声音。“诸如此类吧。大人们让我如此不安和愤怒，因为他们总是认为，‘当我是青少年时就是这样的。’但时代不同了，都不一样了。你知道你过去是怎么做的，但这不代表我也会这样。”她指出了明显的事实，“只有一些青少年喝酒和赛车，大人们就认为所有的青少年都是这样。这就像是一种刻板印象。”

“你怎么做的？你是怎样改变人们对你的看法的？”我问道。

“如果每个人都那么想，那你就会变成那样。我不知道是不是我的朋友和我让他们改变了。我们只是接受了行为不良的标签，既然他们认为我们是这样，那为什么不照这样做给他们看呢。”艾利森和她群体之家的朋友努力不辜负社区对他们的消极期待。我认识她的一些朋友，我知道他们中很多人都和她一样面临相同的问题，而且也在寻求解决方式。只是他们大部分人仍然在集体之家中，保持着在那里的居住身份。有时候，青少年想获得自我的唯一挑战就是展现他的价值和通过被标签行为进一步激化这些价值。专业人士称其为反抗，我称其为抗逆力。

艾利森俨然成了一个行家，无论在哪里都能选择自己的身份，挑战那些对她另眼相看的人。她不断完善自己的技能，增强自己对消极标签的应对能力，除了见她母亲的时候，在其他任何地方都非常有效。她在朋辈群体中培养和展示的所有能力，都很难适用到家里。说到这里，老话题依然存在。

“有时候，当我母亲说一些关于我的东西时，真的很难去挑战她，很难坚持自己。你知道吗？我觉得这就像是一种力量，有时候你觉得你没有力量，有时候又觉得有。和朋友们在一起时，我能坚持自己，但和母亲在一起时就不能，哎！没办法。”

“当人们在身边时，我会觉得更安全。如果人们在我身边，我能维护自己的立场。但是当只有我一个人的时候，我会觉得很孤单。和母亲在家的时候就是这样，很孤单。在家里没有人知道作为艾利森的我，对她来说，我仍然是凯蒂。”

在贝基和科拉家时，她的经历变得非常不同。艾利森说，“他们都很关心我。”“我们不吃肉，我们的朋友也不会因为这个取笑我。而在以前，如果做这类事情的话，就会被当作呆子。”科拉在帮助艾利森重新寻找自我的过程中起到了很大作用，在她被同伴放弃的时候拉了她一把。奇怪的是，我们可能会忘记在青少年生命过程中父母和其他成人的重要作用。不是说他们是唯一的重要部分，正如青少年生命中其他任何重要的他人一样，他们是在青少年追求完美自我过程中需要解决的难题。

“我在家的时候往往低调很多，但科拉总是会告诉我我做得很好。我觉得这给了我很多的力量，因为有人在支持我。我已经习惯了人们说这样那样的废话，就好像我做的都是无用功。所以当有人告诉我我做得很好的时候，我觉得特别开心。”

标签暴力

汤姆、玛吉、彼得和贝基都展现出了相同的抵抗力、抗逆力和生存力。一旦我的工作中心停止关注青少年身上的错误时，我越来越多看到的是他们在挑战否定自己的标签方面的行为是多么有效果。在我看来，非常重要的一点是质疑自己在照顾孩子们的过程中是否参与过对他们的情感暴力。当我们给他们赋予了有限可能性的身份和狭隘的定义时，就是对他们的暴力。离经叛道的生活方式对他们变得更有吸引力，因为能给孩子们带来自尊感。这不是说我们应默许问题青少年的错误行为，让他们肆意践踏我们的社会，但通过对他们施加消极身份反击也不是一种有效解决方式。那些标签更多时候是在启发我们，而不是它们所指向的青少年。我们需要知道在束缚孩子生活的过程中我们的角色。

回想我与安德鲁的谈话以及他在整个过程中表现出来如此礼貌得体的方式，人们几乎不会将他与那个随意暴力、经常让社区惊恐的孩子联系起来。安德鲁从不认为自己是一个"想"去伤害他人的人。然而，把他送到专门接收不良少年的机构时，我们就已经帮他建构了一个罪犯的自我。入狱会造成的风险是，可能会让他产生罪恶感，作为又一个不良少年被他的社区所知道。另外，正如约翰·黑根和比尔·麦卡锡在他们的街头青少年研究中所发现的，暴露于更多不安和犯罪老手中的孩子更可能发展犯罪资本，和维持他们风险性生活方式的途径。如果一个朋辈群体中有一个像安德鲁这样遭受过拘留或是被其他制度化机构接收过的孩子，那么他作为一个不良者的进一步发展就会使我们感到不足为奇了。

对其他青少年来说，在监狱内与伙伴们在一起的时光和刑事处理是他们想要的，成为这个群体的一员给他们带来了权力和威信。令人吃惊的是，有很大一部分青少年，除了减压，几乎不能从监狱中获得其他任何什么。谢天谢地，我们的刑事司法系统已经开始意识到这一点，因为在很多案例中，监狱没能让孩子们变成我们所希望的样子。一旦孩子们在监狱生活过一段时间，知道如何在那里设法生存，我们可能就无法达到阻止他们未来犯罪的目的了。不幸的是，我们发展了其他一些针对青少年罪犯的机构和社区项目，而且仍在继续建设更多治安设施，目的在于让青少年远离同伴、家庭和社区对他们的影响。这样做是错的。因为在监狱这样一个充满犯罪的大熔炉中，孩子们很难发掘到他们所需要的能改变自己生活的身份和资源，监狱已经是最后的选择了。而关注他们的社区会给青少年提供展示他们所说的“健康”方式的机会，接受他们独一无二的解决问题方式，这让我们的金钱和人力资源得到了更好的发挥。如果监狱有效，我们也许会问，为什么在入狱比例最高的国家，比如美国，也有着最高的犯罪率呢？而且，为什么越来越多的监狱对减少入狱人数没有起到任何作用呢？

也许，如果我们更好地理解了孩子们的自我良好感是如何形成的，那么更有助于减少入狱的孩子数量，从而将我们的社会和经济资本用到真正能帮助到孩子们的地方：让孩子们回到他们的社区，为他们提供机会，让他们感受到自己是社区的贡献者，增强归属感。

第四章 “货比三家”

策略二：“货比三家。”鼓励青少年加入不同朋辈群体和社会团体。这能让他们有机会探索新的自我定义，为建构一个健康身份而培养必要的能力。

夏利奥从未离开过家，他的世界就是几条街道而已。参加青少年国际交流活动，让他大开眼界。七条街道与七个大陆相比明显渺小很多。夏利奥离开了那个在他所在社区被众人视为“好孩子”的朋辈群体，只是偶尔有些调皮。只要没有到失控的地步，他的社区就很乐意原谅他们的年轻和过度洋溢。与来自其他的国家和世界另一端的交流国家的青少年在一起，夏利奥不得不将他在家中所学的关于建构群体自我的东西投入到实践当中。

青少年交流对他们的生命历程有着非常深远的影响。与他们接触的经历告诉我，这不只是一次旅行、一次跨文化交流和一次让人印象深刻的非正式的发展性教育，同样这也是一次突然被迫去适应一种新的朋辈群体，一个能带来非常独特才能和个性的群体的机会。当然，要见到各种不同群体的人，如西方人和东方人，是要花很长时间的。这种交流对每个参与其中的个体来说都是一笔巨大的财富，可以建构出一个适合他们的身份故事。夏利奥梦想成为一个旅行家，做一些重要的事情。在交流时，他可以尝试着发挥他国际大使的角色，同时他又是在艰苦时期给大家带来支持的情感支柱。

到了交流快结束的时候，我清楚地记得夏利奥是如何将他的同伴们塑造成一个团结集体的，这让我印象特别深刻。他有非常强烈的正义感，用行为而并非言语让他在群体中获得了一定的道德地位。我仍记得他叔叔从德国给他寄了一小块水泥。我们当时在巴基斯坦的一个自然村，那是一个远离欧洲的世界，夏利奥拿着这块小水泥当做珍宝一样放在手掌里，在我们住的院子里走来走去。“这是柏林墙上的一部分。我叔叔把它寄给了我。上个月它被拆毁的时候，他就在现场。”

貌似这块水泥能散发出钻石般的光泽，夏利奥的这块珍宝提升了他在群体中的道德合法性。他用自己的方式找到了一个在他的生活环境中很难培养起来的身份。虽然他非常渴望离开去寻求这种身份，但在他的社区中很难找到其他人欣赏这块水泥，更少有人会欣赏这个拿着水泥来吸引他们关注的人。有时候，如果一个人想要看清事情的本质是什么，就要脱离日常生活来观察。

如果我们要接受孩子们拥有自己的真理，那么第一步就是帮助他们找到一种健康的自我。但任何技巧都需要实践，才能使得其他人相信他们的真理对于他们而言已经“足够完美”。如果他们要去寻找一个非常棒的关于自我探索的故事，就需要接触不同的朋辈群体和成人。比较自我的孩子很少能与两个以上的朋辈群体交涉协商。而因为他们是谁而获得认可的青少年，比如夏利奥，就会通过学习如何参与集体对话来促进自我的成长。如果我们在家中开放讨论什么是真理的话题，那我们要迈出的第一步就是让我们的孩子知道，他们需要与同伴互动，才能从自我中心变成让其他人以他们期待的方式来接纳他们。

他们需要在很多不同情境下练习这些技能。而我们就很幸运，因为在成长过程中，有在不同社区生活的经历，生活中的意外创造了这些机会。对于在童年时期习惯了在不同住处和社区中迁移的我们来说，可能缺乏达成一个被广泛接受的健康身份的必要技能。

父母应该鼓励他们的孩子多接触一些不同的朋辈群体。我们往往错误地认为适合孩子的群体是唯一的，但在我的经历中，这些同伴往往是父母选择的，是他们自己觉得不错的一种类型的孩子。而我们忽视了孩子们有自我叙事的能力。心理学家丹·麦克亚当斯（Dan McAdams）坚持认为青春期的孩子非常善于创造一种指引自己生活、从传奇和历史角度审视自己的秘诀。那个时期的孩子们不断寻求对他们的个人观、世界观的认可。父母对孩子个人观、世界观的建构也发挥着作用，但青春期的任务是让孩子们开始认真创造他们的个人神话。而对这个过程过度控制会开创一个危险的先例。孩子应该成为一个能分清良莠的人。另外，我们成人往往因为偏离得太远而不知道哪些青少年（和哪些身份）是健康的，哪些又是不存在于孩子们生活环境中的。

在我的工作中，我经常遇到一些尽管受到男友虐待却仍然与他们维持关系的年轻女人，他们是在经过父母同意的朋辈群体中认识的。我认识一些来自下层社会家庭却被推进中层朋辈群体中的孩子，在那里，他们经常因为没有的或没钱买的东西被看不起。这些孩子往往成为中层社会中小恶霸的炮灰，他们将弱势同伴的自尊践踏得一无是处。然而，我们需要让青少年知道不同朋辈群体的价值。作为监护者，我们的职责就是鼓励和促进孩子们与尽可能多的不同群体联系，为孩子的自助选择做好准备，然后全看孩子们自己的选择了。

回顾汤姆，这个执著于越轨身份的年轻男孩。可能有人认为，他的生活环境让他缺少与不同孩子接触的机会。除了其他越轨者，谁会接受他？更不用说原谅他的顽固和暴力的生活方式。但同样的情况也出现在居住在公共荒地的富裕郊区与电视文化中的上层社会青少年身上。在这两种环境下，都没有挖掘不同的朋辈群体的机会，但我们必须帮他们寻找。值得感激的是，学校、运动场所、文化事件，更不用说志愿者活动、青少年俱乐部和全是成人的社区都能在孩子与能建构新的权力身份的新机会之间起到桥梁作用。

其他的孩子们

有时候，有问题的不是他们生活的世界，而是青少年自己。我们都知道青少年除了与自己的群体一起消磨时光，对其他群体都是排斥的。就像为失败的队伍鼓掌继续充满希望一样，除了这个我们似乎没有什么可做了。有时候，青少年会花很多年的时间去发现为什么他们与自己亲密的朋友不同。对他们来说，弄清楚自己与父母的不同会花更长时间。

理查德·巴赫的《海鸥乔纳森利文斯顿》是我很喜欢的一本书，讲述了一只年幼的海鸥敢于挑战不同，一直努力完善自己的飞翔艺术。“为什么呢？”他的妈妈一遍又一遍地问他。

可怜的妈妈很想知道是什么造成了自己的孩子不能像其他小海鸥一样每天快乐地寻找食物，为什么不能和他们一样呢？这只小海鸥试着让自己的妈妈不要担心，热切地解释道，他想努力做到他能做的，而不是只享受没有任何挑战或兴奋点的舒适生活。他认真地坚持自己的追求，直到日益消瘦，只剩下骨头和翎毛。正如所料，他的爸爸提醒他冬天快来了，食物也要供应不足了。这是个很明智的做法，但没有考虑到小海鸥的感情，他的爸爸鼓励他去学习如何获得食物，先搁置下自己对飞行艺术的无用追求。

像很多青少年一样，乔纳森为了获得接纳向社会规范压力屈服了，有了和其他海鸥一样的身份，急切地想成为这群海鸥里最棒的一个。当然，这是不可能的。很奇怪，虽然巴赫的书打动了数百万人，因为它承认和赞同了青少年身上这种同样的精神，却被我们成人隐藏在我们的翅膀下。我们像成年海鸥一样犹豫不定，竟允许这种荒谬的试验存在。

乔纳森的这种屈服没有持续多久，很快他又开始练习他的飞行，只是这次他抛弃了他的同伴。直到青少年发现他们与其他人不同的时候，他们可能才不会对一切都充满渴望，而是关心什么样的生活对他们有益。当我们看到孩子们每学年 210 天都吃着同样的东西时，为什么还会让我们感到惊讶呢？

14 岁的索菲对生活充满了热情。她与她的朋友不同，她用一种安静的方式建构和乔纳森一样的身份。她喜欢变化，并处处寻找变化。也许这是我们可以给她提供帮助的地方，也或者可能这是她特殊的地方，在推动她一直寻找与同伴和成人不一样的经历。或许两者都有。索菲与她的孪生姐妹帕特丽夏一起长大，但帕特丽夏却经常被酗酒的母亲忽视，而且被迫换过很多收容机构。但不管怎样，与她如此行为不良的姐妹不一样，索菲对学校和学校里的人充满了兴趣，这个兴趣使她对健康身份的选择不同于其他人。

索菲和帕特丽夏二人完全不同的路径非常有意思。也许只是为了不同于她的姐妹，索菲在早期就表现出了对学校和目前朋友圈之外的人的兴趣。一路走来，她求知的火花终于引起了注意，并有人开始提供他们的帮助。有一位老师发现了索菲的某种才能，意识到了她从未考虑到的一些可能性，比如说上大学或学院。她被鼓励去参加一些不同的运动队，被游说参加了演讲比赛，并被连哄带骗地成了班长。结果就是，她开始发现有很多不同的孩子伴随自己身边，都是像她一样走出了舒适地带的孩子们。

但索菲仍然不得不生活在她的姐妹控制的世界。在家里，索菲会和帕特丽夏一样咆哮和说脏话。她喜欢逛街的时候，走在帕特丽夏的影子里。在那里，她不仅是帕特丽夏的姐妹，也是二人中更聪明、更擅长运动的。家里的朋友仍接受她，因为她遵守他们的规矩。至少她一开始就是这么做的。

随着索菲长大，她越来越擅长向同伴展示自我。但她找到的朋辈群体依然有限，所以她一开始就告诉他们自己跟他们有哪些不一样。就这一点而言，她是有根据的。比如她不吸毒或招惹其他糟糕问题。她告诉我，“不管是参加聚会还是喝醉了，不管去哪里，我都不会在外面过夜，我不做那种事情。”“我自己有分寸，我不会做其他人让我做的事情。”我问她，“你是如何做出这些决定的呢？”

“看到我妈妈和其他喝酒的人，我就知道我不能变成那样。那不是我想要的生活。也许是帕特丽夏的，但绝对不是我要的生活。”

他人眼中的我

如果她没有发现其他更适合自己的方式，那现在这种状态就是她的生活。这就是她周围人的镜中我，包括她的父母和同伴。当索菲看着他们的脸时，她看到自己身上具备某些特质，能使自己在朋友圈里脱颖而出。和不同朋辈群体交往越多，越有可能发现自己的潜力。

我试着把这些经验联系起来。案例研讨会只是给参会人员包括父母提供一个机会，来表达自己对孩子问题自我的见解。而朋辈群体能起到更大的作用，他们能创造出一个积极自我的故事。比起和成人无止境地讨论孩子的问题，我更喜欢与孩子本人聊天。我喜欢邀请这些青少年朋友来我的办公室，我还经常让这些孩子以我的名义邀请更多的青少年过来，然后我们一起聊天。我们会聊他们的群体、他们喜欢的生活、他们的父母，以及恋爱当中的幸福和烦恼。

其实家长们也可以做到这样，只要允许孩子们将自己的朋友带回家。如果他们允许，就可以逐渐了解这些孩子，并可以试图去理解他们的选择。他们在家时，有两件事情尤其重要。第一，仔细观察并挖掘孩子喜欢的朋友们身上的积极而强大的正能量。问问你自己，“那些青少年身上的哪一点吸引我们家孩子？”这是一个很关键的问题。当他的朋友们走了之后，你就可以直接询问孩子。这能反映出来你的儿子或女儿到底喜欢的是什么。实际上每个孩子都有不止一个选择，所以既然选择了现在的朋友关系，那一定是因为有更好的理由。

第二，仔细观察你孩子的朋友是如何看待你的孩子的。你的孩子在其中是什么角色。

在索菲的案例中，我见过她的一些朋友，大部分是偶然去她家拜访她母亲时遇到的，而不是刻意要见的。在卧室里，有三个女生和两个男生，也是刚来几分钟。我尽量让自己不要显得太过腼腆，过去与他们坐了一会儿，问了些关于他们的事情。

“你是索菲和帕特丽夏的朋友吗?”我直率地问道，然后介绍了我自己和我来到这里的原因。索菲高声说道，“他是我们的医生,”然后轻声笑着，继续我们的话题。

“我一直很想见见她们的朋友们。我听说你们做的报纸封面非常轰动。”正好近期在社区周刊上看到的关于这群孩子的一篇文章，于是我谈到这个话题。那篇文章将帕特丽夏描述为一个失控青少年群体的无用领导者。我只是尽我所能给予了他们最大的称赞。突然有五个像博尼和克莱德一样的孩子急切地要和我分享他们的故事。因为自身的闪光点往往是青少年最乐意去谈论的事情，所以不管青少年的优势是什么，都可以从认可他们的优势开始。

“但是你们说的大部分都是关于帕特丽夏的事情。我对索菲的故事也非常好奇。她有什么不同吗？她有什么特别的地方吗?”她咯咯笑起来，犹豫了会儿，说“哈，好啊……”然后索菲最亲密的朋友说，“她人很好，就是这样。你知道的。我们其他人都惹上很多麻烦，但是她没有。除了和她妈妈之间。”他们笑了。“她在学校表现也很好，运动方面也是。但我们并不喜欢这些东西。”

这些是我之前就知道的，现在的索菲已经黑白通吃，能在这个群体和学校的朋辈群体之间都应对自如。在反反复复的过程中，她做到了让每个人都相信她的能力，她以自己想成为的样子出现，并成功被大家接受。通过在两个群体之间的灵活应对，她获得了转换身份的能力。

之前，我与索菲单独谈话，问了一些关于她这些朋友的问题。“他们都是很好的人，只是和我不一样——他们有时会招惹上麻烦。我想我有一点不一样。”

“你在学校的生活怎么样?”我问道，试着帮她找到这两个不同朋辈群体之间的区别在哪里。

“在学校里，不仅有我的朋友，还有老师。比如有一个老师，我不知道自己是不是他最喜欢的学生，但是他真的对我很好。我想其他孩子也看出来了，所以不会认为我和帕特丽夏一样。帕特丽夏也能做到像我一样，但她不想。”

我曾经想象如果索菲一直与她的邻居朋友一起的话，可能会给她造成影响，但并非如此。在和这些老朋友们交往的过程中，索菲逐渐掌握了一些技巧，从而有助于她与完全不同于这里的学校里的孩子们相处。

另外，当孩子的选择出错时，解决方法是帮助他们处理出现的问题，而不是限制他们未来的选择。作为成年人，我们的工作并不是在孩子们成长和弄清楚自己是谁的过程中，束缚住他们的双手来解决他们的问题。我们真正的角色应该是生活中的老师，比起说教会好很多。大部分陷入混乱的孩子都知道他们一团糟，但不需要别人的提醒和说教。

一年后，在帕特丽夏和索菲举办聚会的时候，她们的母亲在一夜之间消失了，听说她们的朋友们毁坏了屋子。两个女孩都知道，接下来有些事情会让她们束手无策。现在的问题是修理房子，索取赔偿，并认真想一想她们的朋友。发生的这一切给索菲带来的痛苦比帕特丽夏要多，但帕特丽夏却只能继续在她的朋友们面前保持以往的高傲，否则她的友情将会出现危机。但索菲并没有这方面的担忧，她在她的朋友们面前发泄自己的情绪，这些孩子我也见过。他们原谅了她的咆哮，甚至承认他们做的都是无意义的。被砸坏的窗户也是这两个女孩的责任，要用她们的生日礼金去赔偿，但这个事件本身并不会对她造成其他的长期影响。

我从来都不想经历这种危机，但如果我经历过，我会希望我能记得保持足够的冷静来帮助我的孩子从他/她的过失中学到一些东西。如果孩子们有这样一群经历过困境的朋友，他们将会成为同一类人。有时候可能也是一种积极的经历。如果他们有朋友体验过这种积极经历，那他们的行为也会不同，这能让他们对今后生活中更危险的行为产生免疫。这是我对我的孩子的期望：明确知道自己是谁，而且有能力与其他人分享自己的故事。

为了帮助我们的青少年拥有不同的朋辈群体，最好的途径就是帮他们寻找能展现自身才能的机会。每次在旱冰场看到孩子们像条鱼在自行车上笨拙的样子，而父母们还在给他们加油的时候，是不是会感到失落呢？每当这种时候，我总在想，这些孩子可能更愿意去其他地方。这是一个很好的平衡点，但通常来说，如果一个青少年显现出有某种才能，根据“尝试三次，不行就放弃”的规则，似乎能获得最好的结果。当然，一些孩子需要有人在背后推着他们去做。但如果推得过猛，不小心推进了危险的鲨鱼出没区，这些谨慎的年轻人可能就会对他/她的照顾者产生愤怒感、丧失信任感，并降低自尊感。所以非常重要的一点是我们提供的机会能让孩子们体验到安全感，同时也让我们相信他们、相信他们能成功。

我记得我曾带着能言善辩的 17 岁女孩康纳去拜访一位大学里的职业咨询师，讨论如何让她对上大学产生兴趣。她的身上具备了显而易见的成为优秀律师的潜质，事实上，她已经为自己辩护过几项罪名。我仍记得那天她穿着律师服，口若悬河地向法官雄辩，请求法官考虑她陈述的事实并释放她。虽然她这些话没起到什么作用，但却给她的朋友和继续收留她的社区机构工作人员留下了深刻印象。这个孩子是有上大学的资质的，即使家里人都不认为她能初中毕业。那时候，她能做出的唯一选择就是做生意。这不是一个坏主意，我只是不确定是不是有人告诉过康纳大学也是一种选择。

我们参观了校园，坐在教室里，见了辅导员，享用了午餐。那天的康纳至少能明白，成为高等学校的一员是一个可实现的目标。她看起来和其他孩子一样，课堂里他们谈论的那些她都能理解。但仅仅这些还并不足以吸引一个像康纳这样的青少年。

冒险因素

我所理解的是，即便是那些风险青少年，他们也需要有冒险体验。像那些不能宿醉不归的女孩，我们只给孩子们提供一些合理的选择，期待他们变得理智并采取理智的行为。这是远远不够的，必须要有一个“钩子”，能让他们有一点小小的紧张，一点小小磨砺和一点小小的暴露。但一种固定的、平静的朝九晚五的生活也没什么不对，只是那样的世界无法吸引我们的孩子。每当我想起那次的带康纳去参观校园就想笑。在我看来，高等教育这种冒险机遇是一种有吸引力的挑战性教育。但事实并非如此。对她来说，她见过的所有年轻男人和她体验过的荷尔蒙冲击才是具有吸引力的。不用说，参观运动设施已经让她大开了眼界。

但这些对她来说都没有产生足够的动力。康纳去了大学。但她只上了半个学期就辍学了。我最后一次得知她的消息是她已经离开家了。尽管这样，我还是充满了希望，总有一天她会意识到她的潜能。我只能推测，也许是大学里有些东西会让康纳害怕。在那里，她的情绪必然会更脆弱。她会遇到更有价值的对手，不管是学业上的还是社交上的。虽然她从未谈论过此事，但我想起了在我们参观的那些日子里她的喜怒无常和沉默寡言，这是我以前没有见过的。

引导孩子们加入新的朋辈群体并不需要像我对康纳那样耍小聪明。大部分群体都为青少年提供了很多发泄方式，能让他们充分表达自己。我们不需要羞于同孩子们分享我们对自己的关心，包括对于那些高危青少年，我们的个人兴趣往往是最好的桥梁。我们应该问问自己，周六晚上在做什么？我们自己在生活中是如何寻求冒险的？我们的生活方式是怎样的呢？我们的朋友是谁？通过找到这些问题的答案，我们可能还会找到孩子们放任自流的一些线索。

促进朋辈关系多样化并没有什么简单的途径。当他们面临来自因种族、阶级、民族而产生的社会和经济屏障时，要促进这种朋友圈子多元化会变得更加困难，更不用说那些挣扎在糟糕的学习成绩、精神疾病、体能上的挑战、被虐待和被忽略的孩子了。当这些屏障累加在一起时，会让一个孩子面临的风险变得难以逾越。同时，我鼓励父母们寻求帮助。任何帮助都是有意义的。阿姨和叔伯、祖父母、街边小店的店主、老师或其他教授、当地教堂、娱乐中心或是运动俱乐部——所有这些都能成为青少年的社会支持资源。也就是说，如果我们不能为孩子们从一个群体过渡到另一个群体搭建一座桥梁，也许其他人可以。

第五章　“我好，你不好”

杰辛萨在父亲扇了她一巴掌后，将一支点燃的烟弹向了他。这位年轻的女人非常热情地告诉我，“每个人都喜欢有朋友，而且当身边总是围绕着很多朋友时，就会觉得这很重要。”她尤其希望她的朋友都带着问题来找她。因为这样就似乎意味着她是值得信赖和非常重要的。她半笑着告诉我，“我发现解决别人的问题比解决自己的问题容易很多。”她非常珍惜这样一个角色，这个角色能证明她与其他在校青少年一样有才能。但奇怪的是，我经常听到父母们说，他们希望自己的孩子能停止帮助他们的朋友，从而更好地关注自己的生活。对这两个问题，我同时进行了研究。

通过帮助他人，青少年能培养自己的自助能力，同时这又是一个不断强大自我的历程。正如杰辛萨解释的那样，“我了解的知识比我的朋友多，或许是因为这样，他们认为我是这个群体中最靠得住的。如果他们陷入了比如打架这样的麻烦，我会保护他们……我收到过很多朋友的来信，信里说道，‘有你能倾听我真是太好了’，还有‘我非常信任你。’”我喜欢收到这些信，它们让我体会到被尊重的感觉很棒。

虽然花了一些时间，但最终杰辛萨的父母还是对她们女儿能成为一个好朋友这样的特殊才能表示了肯定。尽管如此，但当她与被严重麻烦缠身的青少年一起玩儿时，他们还是会觉得有风险。对父母来说，不对孩子的特性过早下结论是很重要也是很难的，因为对孩子的结论可能不经意间就会让他们不得不自我防卫以避免遭受奚落。孩子们往往比我们更知道谁是“对的”，谁不是。

棍棒和石头

“棍棒和石头也许会伤到我的骨头，但人们的称呼才是会真正伤到我。”我遇到的大部分青少年，不管是好的、差的还是其他的，都一次又一次地告诉我，他人对他们的高度尊重，才能让他们获得心灵、身体和精神上的健康。如果他们在一种生活环境中感觉到被排斥，则会去寻求另一个被接纳的环境。

马克是第一个向我解释这个简单事实的人。我记得我们第一次见面是在我的办公室。我能听到马克的踱步声，到门口时我甚至都能感觉到他笨重的体型。我们礼貌地握了握手，我的手消失在他巨大的手套下。马克是个很庞大的家伙，他才 14 岁，身高却已经超过了六英尺，体重超过 250 磅。与同伴相比，一个巨大的不同就是，他在校足球队中能很好地适应。我见到他时，他虽然体型高大，但看起来很温和。而他的父母却告诉我，早在他三岁的时候，就已经开始为他的暴力发作采取控制措施了。他六岁时体重就已经 85 磅了，那时候他一年级，经常乱发脾气，不管是对他自己还是对他身边的人，这都是一件很危险的事情。我对马克从小就被有限的控制感或无控制感所套牢并不惊讶。

他的父母通过对他情绪的过度警惕来为儿子的体型和脾气

进行弥补。他们不得不时刻监管着他。尽管这种行为造成的紧张感一直弥漫在这个家庭里，但他们从未虐待过他，然而儿子执著的自杀念头却深深伤害了他们。当他很小的时候，他们就已经成为了马克的道德良知，不得不控制他爆发的冲动行为。他的父亲罗伊回忆道，和儿子一起坐在楼梯上，他的背抵着墙，用腿交叉压住马克的腿，结实的手臂抱住他的胸，身子压下了他的手。马克仍然在挣扎，恳求让他离开，但如果罗伊放开他，他就会一直胡乱地挥打，可能会对周围的人产生攻击行为。在那些可怕的会话中，马克必须被压制着才可能坚持30分钟或是更长。直到筋疲力尽，马克才能冷静下来。说到这里，不得不感谢马克有一个魁梧的父亲。

马克的父母说，似乎他六岁开始内心就没有继续成长，但突然有一天发现他有了一个男人的身体，人们都被吓到了。好像整个家庭都提防着马克，唯恐他会对自己或别人做出什么。

马克的父亲罗伊是一名电脑程序员，母亲阿丽莎在当地一家女装店工作。他们住在镇上一所舒适的老房子里，这个镇正在逐渐贵族化，邻里是有着良好教育背景的富人，他们买下比较便宜的地产，并把它们作为“遗产”。马克看着这些街道的改变，几乎和他的身体变化一样大。现在的他正处于青春期和荷尔蒙冲击时期，马克也知道身边的人都觉得现在他比小时候更具危险性，不管是对自己还是对别人。就他的家庭来说，他自己似乎也越来越无法与周围的环境相适应了。

当我见到马克时，他刚从一个封闭的青少年精神科病房回来仅六个月。他之所以被安置到那里，是因为一次事件：他放了一浴缸温水，割开自己的手腕直到水慢慢变红。庆幸的是，他是呈十字形割的，最后获救了。他的父母意识到出事了。从精神病科病房回来之后，马克变得更加温顺，也更愿意与他九岁的弟弟分享他的事情了，也不再那么轻易突然爆发了。放学后他就直接回家，而且开始经常洗澡和整理房间。每一种改变看起来似乎都是那么天真。

我们见面的时候，马克已经成功地完成了他的院内治疗，只需要在社区接受一些病后护理。从那时候起，我成为他生活的一部分，开始了长达一年多的关系。五个人全集中在我的办公室，是觉得狭小还是温馨，这完全取决于个人的态度。就马克和他的家庭目前来看，我似乎是一个“巨人”。

马克更喜欢我与他单独见面，每当我单独与马克见面时，他会告诉我在家庭会议过程中，他总会觉得紧张。他似乎又回到了六岁，各种行为被强行约束，对于自己想要的，不能只是说，而是一定要做到。因为马克，我理解了一个人的健康的情绪与他的受支配经历和能力体验之间的联系。

我有一次问他，对他来说精神健康意味着什么。他想了会儿，反复用脚蹭地，又叹了口气，坐直了。他一字一句地强调：“肯定是能应付生活和自己的问题，并能控制情绪。”“而且在我生气的时候不会变得特别严重而导致暴怒，沮丧的时候不至于堕落太深，你懂吗？只是希望能控制自己的情绪。”说到这里，他停了下来。

“还有其他的吗？”我问道。

“是的，还要能控制自己的心，我想我是一个健康的人。在那个医院里，你必须变得内心强大。”

“听起来似乎你已经失去了对很多东西的控制。如果我听到的没错，你的父母说你必须改变你的行为，否则可能还会出现问题，”我冷静地说，“如果是这样，会发生什么呢?”

马克只是笑笑。“他们知道个屁。”这就是他的回应，然后他换了谈话的主题。

一个青少年连自己的内心都无法控制，更不用说那些贴给他们的标签了，除非有那么一些体验，让他们相信有些事情是在自己掌控之中的。这需要发挥朋辈群体和家庭的作用。这二者能为青少年证明自己的人格提供体验机会。即使这些体验是消极的，也能让青少年体会到他们对自己的命运是有发言权的。每一种体验都是对年轻人成长故事的补充。随着他们的成长，这些故事为他们提供了为人所知的身份和称呼。很多家庭都经历过的打打闹闹的日子可能被认为是激烈的斗争，通过斗争看谁的标签最牢固。称呼可能是一个危险的武器，马克知道这一点，很多和他一样的同辈群体也知道。对青少年来说，让他们知道能在所有的复杂情境中做回自己就够了。但他们往往听到的却是告诉他们怎么做的指令。

当几周后和马克再次见面的时候，我们围绕什么造就一个青少年的心理健康这个问题谈了很多。他带着我对他的故事进行了一次回顾。

“当我小的时候，在学校还没有被人取笑。好像在那个年纪，除非你真的做了什么极让人讨厌的事情，否则都没什么，人们还是会继续喜欢你。但即使在那个时候，我也是总被人欺负和取笑。而且到三、四年级的时候，我就完全成为被欺负和取笑的对象了。”

“那些日子你一定很难过。”我鼓励他继续说下去。

他停下来，盯了一会儿地板，接着又回到自己的故事中，他似乎真的想用这种诉说的方式打动自己。“我觉得在那所学校没有一个朋友，所以我离开了。他们只是认为我与众不同却并不认为我是个好人。他们不喜欢我，因为我与众不同。而我之所以与众不同是因为我太胖。一切都是由此引起。而且他们因为我胖而戴着有色眼镜看我只是为了额外再给我一击而已！”马克的拳头像乔治·福尔曼（著名拳击选手）的拳头一样挥舞出来，巨大肥厚的手臂伸到了我的面前，拳头开始伸向了我的头。我顿时愣了一下，开始深呼吸并点头。他这才放下他的胳膊自然地垂在身旁，似乎受到了挫败。

“我想像其他人一样，与所有很酷的人一起出去玩，至少能有一些朋友。六年级之前，我都从未与任何人真正融洽相处过。我已经注意到，一旦长大，人们就变得越来越开放，而且能接受别人是什么样的人。这种情况从六年级时就开始了，而且越来越好。我的确不一样了，但其实每个人都是这样。”

“我记得我与一个女孩有过几次交谈，有个男孩坚持认为我们外出了，但其实并没有，他说话实在是太不客气了。讽刺的是，年末时，我几乎成了学校里每个人的朋友，甚至连他也是。在学校让我感觉很棒。只要我想，我就能与任何人聊天。”

“听起来很不错。”我说道。

“的确很棒，但有时候并不怎么样，因为我还是处于不安全的状态中，经常会担心。我的意思是，我能与一组人进行交谈，而且我非常想知道在他们眼里，我到底是个怎样的人。他们是利用我，还是真的喜欢我，或是我身上的确有令他们讨厌的地方，但他们却没告诉我。”马克看着我，用那双浮肿的眼睛凝视着我。随即没精打采的状态消失了，他的手臂又举起来了，不断在他自己面前挥舞，但这时候他并不是要袭击，而是想把不愉快的记忆都推到一边，将他生命中没有控制感的时刻全部一笔勾销。

“我无法再那样相信任何人了。”

“那在家里呢?”

“实际上家里同样非常糟糕！我想离开家，换一种面貌生活。我在家中的生活和在学校的生活完全不同，完全是两个人。在家里，我只能发疯、郁闷或是其他。但在学校，我可以看我喜欢的电影，听我喜欢的音乐等，我可以嘲笑任何事物。所以，在学校的时候，我想做什么就做什么，我能变得很酷以至人们都无法拒绝我。比如说，我可以阻止所有关于我喜欢的音乐或者电影的谈话。”

“但在家里你能适应吗?”

“其实我并不想把在家中的行为方式带到学校中去，因为我知道我一定会被排斥。我给自己戴上了面具，但这是一个掩盖伤痕的面具。”

“伤痕是什么?”

“我在学校的确不开心，但我那样做只是想与大家相处得融洽，所以人们不会知道我的感受是什么。我讨厌我自己……完全讨厌。”马克停止了这个话题。我们的谈话时间延迟了，而他的妈妈一直在外面等他。他有时候很喜欢这样。让我震惊的是，在常人看来，孩子们正在慢慢好转，也开始慢慢融入人群，但他们告诉我有时候他们只是“扮演”成一个正常孩子。

这其实与他们“扮演”成一个不正常的孩子没什么不同，因为他们所用的技能是一样的。

马克终究还是克服了对自己的厌恶。奇怪的是，这归功于他与病房中其他病人的交往，在病房中他发现了自己一直寻找的东西。他说，医生对他来说没有任何意义。反而，他更喜欢《飞越疯人院》中的杰克·尼科尔森（奥斯卡金像奖得主）或是《移魂女郎》中的薇诺娜·赖德。在我们看来的疯狂，却是他认为的智慧，而且比治疗者更伟大 。

“在医院里，每个人都知道你有什么问题。而且你不会产生被排斥感，因为大家都在医院里接受治疗。”马克这样说。他发现变“疯狂”有时候能让他在朋辈群体中获得一种特殊的身份。在学校里，他与那些和他一样觉得生活无望的孩子交朋友。他成为了一名街头治疗师，揪出那些企图自杀的青少年，或者是一名改革者，说服青少年向父母争取权利，而不是一声不响地就抛弃他们的生命。

发现正常

在接触了越来越多这样的孩子之后，我终于明白了：青少年是在寻求健康。我看着他们在父母和朋辈群体之间徘徊，不断寻求支持和接纳去创造自己的故事。在寻找过程中的意外收获和我们成人对孩子的鼓励一样发挥着重要作用。尽管我无法完全理解我遇到的这些青少年们到底在做什么，但我确定他们在寻找一个能让他们感觉正常和健康的环境。

作为局外人，隔代人之间可能很难理解彼此表达的内容，就好像我们的青少年在说一种不同的语言似的。我记得在我早期职业培训中，曾学过非常有价值的一门关于沟通的课程。这门课程告诉我们，作为专业人员，应该对人的身体语言和言语给予同样的关注。一个人坐在我们面前，双臂交叉，身体前倾，呼吸急促，也许还在摇晃，根据这些，我们可以推断他可能经历过很严重的创伤。当然，也可能并不是这样。办公室的窗户也许是打开的，微风吹到他们的背上。

对孩子们也是一样。我们很容易过度用心理分析解析我们所看到的东西。有时候，他们只是单纯地在培养或维持自己的心理健康而已。我们认为的混乱行为可能只是一种生存策略。我们表面看到的“疾病”与政治标签的关系有时可能比与心理健康的关系更大。有些时候，我们只是关上了一扇窗，而以医疗、护理和制度化来替代。当我们将对心理健康的定义权移交部分给青少年时，会发现他们和他们的朋辈群体在做任何能让他们维持健康的事情。

让我们来看个例子。几年前，我在与一个儿童保护协会合作时，遇上了15岁的加埃唐，他明确地知道他需要生存。加埃唐完全没有把自己当做一个有情绪障碍的孩子。经过一场艰苦的战斗，他被有偏差行为的同伴们推举为群体领导者，并且还被社区认定为是一个强大、独立的孩子。

“心理健康对我来说就是有很多朋友，可以外出，能被大家喜欢，知道自己是被接受的，至少有一个人是真心与你相处，能让你保持心理稳定。”

有一次我们在他家见面，我问他，“谁喜欢你呢？”他的妈妈已经离开了房间，所以房里只有加埃唐和他的妹妹斯泰茜，斯泰茜依然蜷缩在卧室的椅子上，也就是我们谈话的房间。

“不用说，我妈妈肯定是喜欢我的。还有大部分和我一起玩儿的孩子。他们可能不会这样表达，但我认为他们的确是喜欢我的。”

斯泰茜生气地看着他，说道：“那我呢?”

加埃唐只是笑笑。“噢耶，我是打算在你面前说的。”他对妹妹夸张地舞着拳头，妹妹假装要对着他的脸吐痰。这时候他们的妈妈回来了，并告诉他们俩不要太无礼。

几个星期之后，加埃唐和我有了一次单独谈话的机会。当我们见面的时候他很兴奋，从兜里拿出一张非常破的学校通知，内容是提醒家长们现在学校里有一些团伙活动，并提出了一些建议方法让家长们保护好自己的孩子，不要卷进这些团伙中。加埃唐想可能他和他的朋友老在学校停车场附近闲逛，导致他们被当成问题点名了。对一个来自贫穷家庭、面对一对嗜酒的父母和无望完成学业的孩子来说，他非常明白成为争议的焦点能让他获得短暂出风头的机会。

“有一天他们拿了一张我们的照片。照片上我们只是坐在学校外面而已。一些老师骂我们是垃圾。他们认为我们是坏孩子。我不知道他们为什么这么想。”他一点都不难过，只是很戒备，咄咄逼人的口气恳求我能理解，还告诉我，他们真的只是在那里坐着和听着。而他的朋友，也有几个是我认识的，一群打扮得五颜六色的男孩、女孩，而且吸烟，大部分周末都在给自己找麻烦。加埃唐觉得他已经被注意到了，不是通过名字而是通过描述。他觉得他已经成为父母和老师眼里的原则性问题制造者之一了，即经常打架，试图证明自己有多厉害。

加埃唐的妈妈因为她儿子的恶名并不是很开心，但是当我之后与她谈起这事的时候，她只是耸了耸肩，说，“我又能怎么办呢?”“他从来不会按我说的去做。上一次他生气地偷开了我的车，还撞碎了保险杠。我让他接受指控，但他的监护官说，即使他再回到法庭也不会有什么事。”

从另一个方面看，加埃唐很开心。因为他觉得有身份了，而且他的整个群体都有了自己的身份。他感觉非常好，好像他终于做了件有意义的事情。那么我该和谁争辩呢?

我们再次谈论这个话题是在一段时间之后，只有那次，我特别想知道他是否将他在群体中使用的领导技能应用在他生活之中。他一直是一个有偏差行为的人人都讨厌的孩子吗?

“其实我并不想打架。当我运动时，我从不参与打架。但人们总是在说诸如‘加埃唐，你太厉害了’这样的话，其实是他们想打架。有时候，我站起来，让我的人‘闭嘴’。有时候，周围的人都太愚蠢了，老师什么都做不了，我就会说‘闭嘴，否则我将打爆你的头。’这样才对。今年我与所有的老师都相处得很好。”

我知道，这只是一个开始。我们还会再次进行交谈。这一次，我想知道加埃唐是否有其他的关于他自己的故事。

“除了学校管理者和你的朋友，你知道在其他人眼里你是什么样的人吗?”

他立马想到了法院对他的评估，这份评估建议法官控诉他的公园破坏公物行为。“是的，我看了我的报告，报告里说我是个多么有暴力倾向的人。而且我看着其他人，觉得有的人表面看起来很酷但内心深处却是个窝囊废，因为他们只会破坏自己的生活。同样地，我也看不起我自己。这是真的。我知道我不应该那样做，但没有人能真的理解。”

加埃唐的行为一直很张扬，这与他表达出的情绪刚好相反。他的行为其实是为了转移自己的注意力，忘记他是个非常弱小的人。和他的朋友们聚在街头时，他抛开了自己的一些不适当情绪，抛开了贫穷，抛开了父母对他的忽视，甚至是孤独。他最喜欢想象中的自己，而这种想象是他和朋友们特意为成年人营造的。

街头拯救了他，但这种拯救却是有代价的。加埃唐忘记了父母对自己的排斥，当然一定程度上是因为他的行为。在学校，他令他的老师感到挫败，因为老师无法理解他到底在做什么，还有为什么要这样做。

漂移

打架还是逃跑，生气还是沮丧，不良行为还是社区工作？青少年能用来应对健康问题的可能途径多得无法想象。一个现代的寓言故事也许能帮助我们理解得更透彻一些 。

漂移的故事

很久以前，一个孩子发现他自己在一个广阔的海面漂浮着。他记不清他是怎么来到这里的，只记得有一天他做了一个梦，梦醒之后就发现自己在海上。他有充足的食物和水，能在他的小木船里维持很长一段时间的生命，而且他能很轻松地掌握使用生存所需物资的技巧。他并不是特别害怕，他觉得他总能控制一切，除了自然之力：风和海洋，还有太阳和雨。在他的小船上，他觉得很安全。但有一些不称心的地方。他很孤独，因此他并不是很开心。

他最期待的就是有人能成为他的朋友。他也想念自己的父母，冥冥之中，他觉得自己能再次见到他们。实际上，他在海洋的中心，陪伴他的只有不断拍打着他的小船的海盐——虽然看不见，但通过渗入他身上的水沫和薄雾还是能觉察到的。他不得不使自己满足于寂寞的状态，直到着陆。虽然起初这似乎是个令人忘而生畏的任务，然而随着时间流逝，航行的过程也变得越来越不那么难熬了。

他的小船虽然小却很适合航海，但也很容易被来自四面八方的狂风冲击。当他第一次醒来时，他发现自己的一只手在舵柄上，而船已经在行驶了，任何一阵风都会改变它的方向，这个男孩完全处于自然的摆布之中。尽管如此，但随着一天一天过去，他作为一个舵手的经验却在不断积累，他终于能操控自己的船往远方的岛屿行驶，因为在阳光非常强烈的某天他看到那边好像有灯塔。曾一度迫使他驶向更远海域的狂风现已趋于平和，在风平浪静的日子里，通过船舵和帆，他驶着船，去到任何自己想去的地方。然而，尽管他掌握了新的技巧，但还是无法到达远方的那座岛屿。有时候，意料之外的暴风雨会让他非常小心，因为可能会引起翻船的危险。

某一天，他鼓足了勇气，终于幸运地找到了那座蜿蜒群岛中若隐若现的岛屿，宛如嵌入万里星群中的繁星。他很容易地到达了那座岛屿，而且他对自己的航海技能感到非常满意。当他踏上那座岛，很快就意识到他并不是一个人。岛上的原著民有着非常独特的文化传统，但当他展示出自己的特殊技巧和能力时，他们很快就视他为自己人了，因为他们很重视这些。他刚到岛上的时候，这个男孩还不确定岛上的人们是否会尊重他。但很快他就发现，凭借着前几个月通过海上冒险所积累的能力，就能让他们对他刮目相看，至少他有一些特殊的技能。在岛上，人们为他取了个名字，他非常开心，因为这意味着让他和其他人都知道他是属于这里的。很快他就开始享受自己的新身份了。通过模仿岛民的行为，他找到了自己一直渴望的朋友。而且他也发现，成为这里的一员，能让他与岛上的每个岛民一样获得相同的地位。

随着时间流逝，这个男孩也慢慢长大了。长大后的他重新回到了陆地生活，又学到了很多新的技能。但随着时间的变化，接收他的那片土地的生活方式让他感到了厌倦。他希望能凭借他学到的新技能让岛民们能再次接受他，但他们拒绝了。他们只在乎当他第一次来到这里时他所展示出来的能力和技能。当他向他们展示出其他一些技能时，他们已经不再赞美他的技艺了，取而代之的是对他的嘲笑和轻蔑。他们又给他取了另一个名字，一个让他感到很愚蠢和被孤立的名字。带着挫败、生气和沮丧的心情，这个男孩又回到了他的小船上，让自己随波逐流，急着想找到一个人，能和他一起分享曾经的自己。

这个男孩一直重复着这些冒险体验，终于慢慢让自己适应了这样的环境。他开始意识到，比起成为岛上那一个与众不同的人，孤独地在海上漂泊才是更糟糕的事情。因为孤独的海上漂泊让他感觉自己没有身份，没有人们对他特别之处的赞赏。时间慢慢过去，他也开始注意到在每座岛上自己行为方式的变化。在他去过的其中一个岛上，他终于让一些岛民相信，多次游历让他积累的处事方式不比他们差。即使这些岛民从未有过改变，还是按照自己的方式做事情，但他们也愿意让这个男孩做他想做的事情，因为这不会伤害到任何人，而且他们也喜欢看到他开心。

渐渐地，这个男孩学习了很多有用的旅行知识 ，很快准备再次航行。这次，他不再是盲目地去漂流，而是有着非常明确的目标，就是要回到他以前去过的一个岛。在那里，他证明了自己与其他岛民是不一样的，但仍是这个岛上有价值的成员。另外，他也能用自己的观点向一些岛民发起挑战，然后发现他们会更喜欢自己的行事方式。然而，他没有在那个岛上定居下来，因为他开始明白，不管他去哪里，都能被接纳，这就够了。就在这一刻，他终于意识到自己是多么的幸福。

有的人可能认为所有青少年都是在这样一个海洋上漂泊，蜿蜒的热带群岛密布其中，每个岛上都住着不同的人。不只是高危青少年，实际上，我怀疑所有青少年，当他们受够了仅仅简单地获取、维持和挑战在同一个岛上的身份建构时，有时候他们就会选择再次起航，利用生命的风和洋流，还有自身作为水手的力量和能力，行驶到其他地方去。在某些地方，他们更有可能做回自己。当然，青少年的船是否适合航海，还有生活中的意外事件决定着这个冒险的结果。还有一些细节，像是家庭迁徙、住院治疗、监禁和释放都会对青少年的漂泊方式起作用。比起那些生活在幸运环境中的孩子，处于风险环境中的青少年能找到的标签会少很多。挑战他们的风险因素限制了他们的选择，而且会永远影响他们的成长和发展轨迹。

以下两种方式都能促使青少年摆脱负面标签。要么保持在原地，努力使自己变得与众不同；要么就是离开现有的环境，去寻找另一种生活方式。在第一种情况下，孩子们完全改变自己的样子，从而希望能获得更好的对待。这对于那些来自稳定家庭和社区的孩子来说比较有效，因为他们的需求都能被满足。我邻居的儿子最近就放弃了学校中的乐队，转而把更多的时间投入到运动中。同时，他仍会花一些时间在音乐上。更让他父母恼火的是，他与几个朋友一起在车库组建了一支重金属乐队。根据我目前为止所听到的音乐，我想我近期并不会去买他们的专辑。但至少他有这些选择。正如一扇门关了，仍会有另一扇门为他打开。

在第二种情况下，对被家庭和社会标签为高危青少年的孩子们来说，在社会“群岛”和每个“岛”提供的身份建构中徘徊是一个更大的挑战。随着孩子们的不断成长，离开就会变得越来越容易。像这样的改变与赌徒很类似，他们不会只改变赌博地点，也会经常变化玩法。如果一个赌徒乐意成为赌徒，那么他们就没必要去改变它。但有时候，赌徒们也会因为被人们视为赌徒而感到厌烦。他们会冒险尝试着做出改变，运用同样的能力成为证券经纪人、马戏团演员、高级建筑工人或是急诊室医师。高危青少年和附加在他们身上的负面身份也是如此。有些青少年会试着改变，让自己成为对他人有益的人，有些可能会简单地用一些破坏性较小的、更能被人们接受的方式表达同样的身份。充分了解隐藏在问题行为背后的力量是做好教育工作和临床工作的开始。

这就是我尝试着在做的事情——根据青少年的行为，提取其中积极的部分，希望能探索出一种新的表达方式。如果我能成功地实现这个目标，那他们便能抛弃颇具破坏性的行为，转而选择一种更为大家接纳的才能，我会帮助他们将这种才能转化为行动。在不同的朋辈群体中漂移是他们独立达成此种目的的一种方式。朋辈群体不会给青少年施加任何身份；青少年可以利用他们的群体表达能给自己带来最大权力感和接受度的个人特质。这种选择可能是有目的性的，也可能只是机遇使然。不管哪种情况，都意味着改变的出现。

这种漂移都有一个黑暗和邪恶的内涵。它往往会被研究者们，如大卫·马茨阿（David Matza），认为这会使孩子们陷入一种完全不同于现状的亚文化群，导致他们面临一种比先前更大的风险。孩子们漫无目的的漂移也是有意义的。我们来继续谈谈我们的孩子，他们“漂移”到药物或帮派中，漂移到街头、卖淫或者监狱。我们没看到他们是如何漂移的，不管他们漂移到哪里，都让青少年体会到了价值感，能履行对自己和他人的责任，感受到胜任力，并获得了安全感，还有能促进他们心理健康的人际关系。如果按照这种方式来理解，那么一个破碎的家庭也能与一个稳定的家庭一样发挥很大作用，一个未成年人在晚上喝酒与高校午夜篮球活动是一样的。可获得的资源和每种选择能让青少年拥有的权力的大小，与每种选择所带来的感觉和意义一样决定着他们的选择。我们只是“建构”者，这并不意味着青少年会完全顺从我们，除非我们能理解参与是如何对青少年自身故事产生影响的。当然，我也不希望我们的孩子只能选择危险的生活方式，于是我的工作开始集中于帮助青少年转向其他方式，现在的我对孩子们反直觉地选择了问题行为方式有了更多认识。其实这是他们寻求健康的一种方式。

我们需要用一个卫星对威廉的漂移过程进行追踪。我对威廉的工作持续了很多年，直到他因为吸毒过量而死，那时他还未满 17 岁。威廉是一个充满智慧的孩子，虽然他并不是很幽默，但他却努力想表现自己的幽默感。即使你发现他做过那么疯狂的事情，也很难去讨厌他。他父母已经忍受他很多年了，因为他所做的事情，学校和社区不止一次上门要对他惩罚和索取赔偿。打破窗户、偷摩托车、骂人、暴力、小规模地破坏公物——似乎每周都需要对被威廉毁坏的东西进行修理。他的父母都是很棒的人。他的父亲查克是一个职业高尔夫球手，母亲蒂娜则是一个动物美容师。他的姐姐是田径运动员，而且在学校表现很出色。他们住在镇里的一间小屋，非常整洁，远离了大部分在大城市生活会产生的问题。那么在这样一个环境中，威廉是怎样一步一步将自己塑造成如此危险的身份呢？这个问题至今还在困扰着我。

他年满 12 岁之后不久，第一次住院了。从医院回到家之后，去了青少年心理健康中心，然后又回家，接着被拘留了一阵，然后又去一个阿姨家住了一段时间，而后又接着回去治疗——那时候他住在医院专为自杀和药物滥用青少年准备的儿科病房——最终进了戒毒中心。在戒毒中心，有一群孩子已经对那里的制度非常熟悉了，而且都能很熟练地让它随着自己的意愿运转，威廉则经常与这些孩子们来往。

“当朋友们听说我又进去了的时候，他们有些人非常赞同。说‘好极了！’‘做得好！’‘我觉得你应该进去！’其他一些朋友低头说，‘这不值得的，威廉，这会毁了你的生活。’”

“那对于这两种反应，你怎么看呢？”我问他。

“我觉得说这是件好事的人太愚蠢了。因为我觉得这并不好。他们说，如果不这么做，我的生活就会毁了，而我对他们说‘我才15岁，我有出去玩的权力。’”威廉和我的这段谈话发生在他被迫待在医院的缓刑期内；法庭不主张让他回到街头，因为他的毒瘾、暴力和财产犯罪都呈现出升级模式。他和一个朋友毒瘾越来越大，因此需要钱买更多的毒品，于是他们在一家小便利店抢劫了85美元。不幸的是，当一名店员让他们离开的时候，威廉的一个朋友用汽水瓶打破了他的头。他们四个在离开便利店之后不久就被逮捕了。威廉终于明白了自己的行为有多严重，他知道他已经毁了。但其实，在那个时候，他也别无选择，无法建构其他身份。这么多年的游荡，让他直接走上了犯罪的道路。

包括他父母在内的工作团队，都一直无法解释威廉的行为。我们所知道的是，大部分孩子可能会对威廉碰上的这些机遇避之不及，而威廉却被这些吸引，快节奏的生活、毒品交易和偷窃给他带来的金钱收入，还有能给他和他的伙伴带来的身份，都对他充满了诱惑力。

我曾经问威廉，“你怎么对付那些问题缠身的朋友呢，就是你告诉我的那些朋友？他们大部分都比你大，对吗？”

“当我有需要时，那些所谓的好人才不会管我，但那些所谓 的‘人渣 ’会在乎我。他们不仅仅是利用我给他们运毒。与这个完全无关。没有人把毒品交到我的手上，没有人让我拿着它们。但他们让我有了一个温暖的住所，给我吃的东西，就是没有给我毒品。当然，他们是接触毒品的，我问他们，我能不能也加入，他们会说，‘当然，那就试着做吧。’”

威廉离家之后遇上了这些人，尽管在这之前他已经开始接触毒品，也酗酒了很长时间，但这是一个能让他产生归属感的群体。

他告诉我，“我没有地方可以待，在街上游荡了三四天。”“我得到了一点点毒品。”巴迪说，“我看你在这晃了很久了。”我说，“是啊，我在这条街上待了一段时间了。”于是他说，“你不会再孤单了。”他不知道我是从地上的一个洞里出来的。

我想知道，“希望我做些什么作为回报吗?”

“什么都不用。我想做一些事情作为回报，但没有人对我提出任何要求。我帮他们运东西。我和他们在一起，但警察总是逮捕我，把我送回家或者是集体之家，现在是把我送到了医院。我讨厌这些地方，非常讨厌。每个人都认为他们能操纵我的生活。”

果不其然，在那一刻威廉看起来并不像一个能管理好自己生活的人。在安全治疗中，他很孤独，因为糟糕的状态他稍微有点动摇了。其实他真的还只是个孩子，很多时候都是力不从心的。几个月过去，他承认他把自己的生活弄得非常糟，他想回家，试图说服他们让他们送他回家，他表示他真的意识到了自己的所作所为。那时候正好我们正在聊天，他想让我相信他已经能控制自己的生活了，至少在街头是这样。

“当我在外面的时候，我觉得我做的事情很棒，我讨厌人们来告诉我该怎么做，非常讨厌。我的朋友教我如何控制自己，如何不再受人摆布和从我身上索取，如何诈骗不同的东西，如何得到钱，这些都很有用。”

威廉离开了那个让他感觉到差异的家，转而去了一个虽然古怪但能让他产生归属感的地方。“我一直与众不同。我自己也无法解释。我的家庭也是这样看我的。尽管他们知道我做了错误的决定。实际上，我总是做出错误的决定。这儿有一块蛋糕，那儿有一些毒品。”他坐在我面前，手臂伸展在两边。然后他又继续说，“而且我知道，从长远看，比起毒品，如果吃了那块蛋糕会对我更好，但我总是会选择并不那么好的东西。”

“我的朋友也喜欢那样。跟他们在一起感觉非常好，只不过他们现在都在监狱里，可能要在里面待两年，可能是三年，也可能都不是。”

“他们进监狱是因为什么？”我问他。

“因为暴力行为。一个是犯了谋杀罪，还有两个也是被指控为谋杀。”他告诉我这些，就好像我在跟我的邻居说木材商店里有一种特殊的全木地板一样，没有任何尴尬。“被控告强奸了那个小女孩的家伙也进了监狱。他们都因为不同的原因进去了，还有抢劫的。”

“跟他们在一起感觉怎么样？”

“非常自豪！”这是他的回答。他坐在那非常得意地笑着，说话的回声盖过了其他病房传来的嘈杂声。

过了会儿，我问他，“你还有别的没进监狱的朋友吗？”

“当然，”威廉耸耸肩说道，“他们都太无聊了，因为他们从未想过去做一些有趣的事情。比如体验下吸毒的兴奋感，制造点麻烦。如果你现在想成为我的朋友 ，那么就必须沾上毒品。”

威廉找到了他一直在寻求的兴奋。他摆脱了在家中的平庸感，非常享受现在这种生活方式，尽管这让很多认识他的人感到困惑。然而当我对威廉的了解越多，我对他的生命故事就越理解。这不是我的生活，我也不希望他这样恶性循环下去，但在街头威廉很顺利地被大家接受了，比在他生活的其他地方都容易得多。在家里，他有一个被众人视为明星一样的姐姐，而他只有更加努力才能得到关注。

遇到这群同伴是他的机遇，他们接纳了他。在那之后，他就开始寻找更多机会，让自己成为一个更加危险的人，这些机会让他越陷越深。他的很多监护者都试过阻止他走上这条路。他的父母请求法官和集体之家，还有社会服务管理人员，想为他们的儿子争取到更多的机会、更多的治疗和更多的帮助。他们能支付他任何的娱乐活动花费。之后，他们也要支付他的戒毒治疗费用。当地的青少年组织给他提供了工作机会，市政局给他提供了一个暑期职位，让他成为一个风险儿童援助项目的成员。但所有努力都失败了，因为对威廉来说，这些都不是问题，他可以去任何他想去的地方。他的父母跟在他后面，看着他进入一个又一个的治疗中心。

最终，他们还是看着儿子的遗体躺在停尸房里，因药物过量而死。但直到那个时候，威廉的一些朋友还在继续吸毒。奇怪的是，认识他的人似乎都为他竭尽了全力，但他仍然觉得他接触的这些人正是衬托了他的重要性。威廉通过自己的行为，提升了自己的声誉，成为社区中最大胆的青少年之一。这令他的父母感到极度恐惧和挫败。

威廉的生活告诉我们，并不是每个孩子都能被拯救回来的。但我会带着他给我的启示，去帮助其他在新的方向中游荡的孩子。我发现，当我表示我能理解一种反叛的生活所能创造出来的力量和控制感时，是我工作最成功的时候。因为这个，我会永远对威廉充满感恩。

希望

游荡的时候，总是会有一些新的机会，能让一个高危青少年改变他的生命历程。加埃唐有一个很喜欢他的老师，和一个相信他一定能做得更好的社会工作者。即使是这样，也仍然需要孩子自己的努力，为转向一个正确的方向而努力，不管方向是什么。

有一个很老的笑话，说一个非常虔诚但不太聪明的男人，被洪水卷走了。但实际上已经发布了疏散通知，并通过紧急措施人员递交给了他，但他却坚持留在原地，告诉他们他对上帝的绝对忠诚，他相信上帝会救他。水不断往上涨，这个男人在自己家周围建起了沙包墙。一艘船过来想接他到安全的地方去，但他却让船上的人离开。他确信地说：“上帝会救我的。”最后，由于水涨得太高，他不得不爬到了房顶的最高点。一架直升机在他上方盘旋，给了他一根绳子，但这个男人仍然坚持要等他的上帝，他相信上帝不会让他死去的。最后，他当然是被淹没了。当他与上帝面对面时，他问上帝为什么没有救他。上帝却疑惑地看着他。

“我已经给了你一封信、一艘船和一架直升机，你还想要什么?”

青少年好像也是这样。在他们的童年时期，不断游荡，寻找健康的身份。有时候，机遇在他们面前敞开了大门，但问题在于青少年们需要自己去把握住这些机遇。作为形形色色的照顾者，我们也能给他们提供他们所需要的资源，但关键是青少年能否有效地利用它们。

为了帮助高危青少年，我们做了很多努力，但如果有的孩子经常做出与这些努力相悖的行为，我们是很难去接受的。即使把机会送到孩子们面前，也并不是每个孩子都会做出对自己危害稍小的选择。我屡次遇到一些吸毒成瘾的青少年，他们来自中层和上层阶级的家庭，很舒适、很安全。我也遇到过经济条件比较差的家庭，或者是被迫搬家、失业、运气非常欠佳的家庭，但父母都是极好的，又很有爱心。不管是哪种家庭出身的青少年，我们都看不出有什么明显的原因能从根本上挑战他们的身份认同。其实他们有很多的机会、爱和能满足他们对权力、控制力和能力需求的途径——至少在人人的眼中是这样。然而，有些青少年还是有自己的考虑。

对一些孩子来说，比如威廉，其他生活方式对他们会产生很大的诱惑力。通过一些能引起家庭和社区产生担忧和悲痛感的行为来创造一种健康的身份，这就是青少年对自身发展过程中出现的问题的解决方式。父母会自责，或是责备他们的朋友。但不管是哪一种，都不能帮助我们理解风险青少年的漂移模式。我们应将青少年的这些行为看作是一种抗逆力途径，即使我们对他们仅能做出的一些选择并不赞同。

这也不会妨碍我们对青少年的帮助之路。他们能积极参与某件事情，就是这些漂移对青少年心理健康所起的正面作用。如果我们能将他们的漂移视为一种寻求健康的途径和对生活压力的一种具有创造性的强大反抗，就能更好地去帮助他们，而不是阻碍他们的成长了。

第六章　复杂的生命故事

策略三：认真倾听青少年所讲述的关于他们自己和他们世界的复杂故事。

青少年的生活远比我们想象中的要复杂。比如说安妮·弗兰克（Anee Frank），“二战”期间为了躲避纳粹党，开始了长达两年的隐蔽生活，并记录在自己的日记中，她的故事已经成为一个抗逆力的传奇。安妮并不是一个十分顺从的孩子，虽然这是大人们的期望。在日记中，她表达了她的绝望，因为在家人和其他人眼中，她就是个问题孩子。值得注意的是，为了避免引起觉察，这个女孩能整天整天地保持绝对沉默。然而即便是这样，她仍被贴上了叛逆、好斗的标签。她写道，“我怒不可遏”，“但我并没有表现出来。面对每天都在重复上演的那些可怕的言语、嘲笑的面孔和针对我的控诉，我只能跺脚、大声尖叫、使劲儿地摇妈妈、哭泣，除此之外我不知道还能做什么……我不能让他们看到他们对我造成的伤害，我无法承受他们的同情和善意的玩笑，因为这只能让我更加想尖叫。如果我与人们交谈，每个人都会认为我是在炫耀；当我沉默时，他们又觉得我很荒谬；如果我有回应，就被认为是鲁莽；如果我提出了一个好的想法，又会觉得我狡猾；如果我累了就认为我懒惰；如果我吃了满满一口，超过了我应该吃的分量，他们就会觉得我自私；还有愚蠢、懦弱、诡诈这些话语……”

现在，孩子们都将自己的日记小心地保管起来，而每当读起来都是字字尖锐，表露着他们错综复杂的感情和无法表达的痛苦。孩子们的真实隐藏在他们对自己生命故事的叙述中。但即使理解了孩子的真实故事，也只是向更深层次了解这个孩子和他与朋友及家庭之间的关系迈出了一步而已。对于一个在诊所遇到的孩子，我会想去了解他的生活，就像是如果因为迟到而错过了电影的所有重要开场时，我们一定会努力想去理解这部电影一样。在我们还在路上的时候，情节已经在展开，演员们之间的关系也越来越复杂，故事顺利进行着。尽管我们很享受正在观看的内容，但总因为错过了开头而有一些不安的感觉，到底是什么在推动这些角色的发展？因为不了解全局，所以很是受折磨。也许这就是好莱坞不断拍电影续集的原因吧。观众们喜欢舒服的感觉，喜欢他们熟悉的明星。

高危青少年的生活并没有什么不同。即使是我们自己的孩子，也希望能走进他们的生活，因为他们的大部分成长时间都是与朋友们在一起的。在朱迪思·里奇·哈里斯（Judith Rich Harris）的开创性著作《人性假设》中，她认为父母对孩子的影响非常小，远比期望中小很多。我也同意同伴、兄弟姐妹还有表兄弟姐妹对孩子们的成熟之路有着重要意义，而父母，我觉得就像是孩子们与之亲近的所有人一样，只是在孩子的自述故事中扮演了很重要角色的一个个体而已。

尽管我们是孩子故事的一部分，但不管怎样，我们都不能越过事实，假装对他们很了解。大人们好像总是认为他们对孩子行为的讲述才是对他们的最佳描述。我们总认为我们的故事才是更强大的，以至于将孩子们的故事编辑成复杂的疾病与功能障碍等级系统，例如美国精神病协会为了解释孩子们的行为而发行的《精神疾病诊断及统计手册》第四版。一些孩子接受了外人对他们的观点，但很多都是不接受的。如果我们能给孩子们一点点机会，也许他们会告诉我们，我们错在哪里。

例如一个被诊断为注意缺陷多动障碍（ADHD）的孩子。ADHD 普遍指一个孩子在学业上有困难，或是有不良行为。然而有很多人在解释为什么越来越多的孩子被确诊为 ADHD 或是药物治疗，却很少听到孩子们关于被诊断为 ADHD 经历的自己的声音，我们几乎不知道这些诊断对青少年与其同伴之间的关系会产生怎样的影响，或是在他们的无组织活动中，这些药物治疗是如何改变他们的行为。

有一些先驱治疗师，如大卫・尼隆德（David Nylund），他是一位社会工作者，也是一位知名作家。他的工作对象是那些好奇心强的孩子，他试着为那些容易分散注意力、冲动和冒险的青少年创造一个能描述自己故事的空间。他们对这种混乱做出了完全不同的解释。他们说到他们与学校是如何的格格不入，他们身上具备的那些正被人们努力去治疗的东西能让他们比其他同伴更加懂得交际，对教室外的情况更加警觉，对突破权力的限制更加积极。他们的故事揭示了他们的力量，将我们期待孩子们能做出解答的问题又抛回给社会。

当我遇到这样的孩子时，我总是轻声笑。他们真的无法适应课堂规则，而且比较容易激动，有时甚至会烦扰到他们的伙伴，但他们有自己的力量。我有时候想这可能只是自然的一个小玩笑。如果我们是狩猎者和采集者，周围都是野兽，那这些年轻人一定会胜出一筹。像我这样专注的人一定会目不转睛地低头看着自己的肚脐，然后就轻松成为了敌人的猎物。但有注意缺陷多动障碍的孩子可不是这样。他们会在我之前听到每一根树枝裂开的声音，还有爪子的爬行声。他们分散的注意力可能会挽救他们的皮肤，但是我可能会被当成午餐吃掉。我再次思考这些青少年对我们的挑战，我在想我们对孩子们的期望到底是什么。

问题就出在这里。

我最近旁听了一个面谈，参加面谈的人包括一个名叫坎迪斯的女孩，她的父母和我的一个同事，也是这个行为失常孩子的家庭医生。

“你在学校遇到了一些问题，对吗？”她问。

“嗯。”坎迪斯点点头。

“老师认为她不学习，不是因为她无法学习，而是有一些毛病。他们让我们咨询下注意缺陷多动障碍的情况。”她母亲说。

医生继续说道：“是的，我有老师提供的报告。让我来问坎迪斯几个问题吧。你在班上是什么样的？你觉得一直坐着很难吗？你爱说话吗？或者其他诸如此类的事情。”

坎迪斯回答：“有时候是。”

“在家的时候，你会跟爸爸、妈妈产生很多争执吗？”

“有时候吧。”说到这个的时候，她在座位上越陷越低。

“你有没有发现自己做事情总是要反复确认两遍，比如确定盖子是否盖好，或者反复检查门是否关好，有这样的事情吗？”

“可能有吧，我想。”

“你吃东西的时候，是不是只吃一点点肉，一点点蔬菜，一点点土豆，或者先吃掉整个一个东西，然后再接着吃另一个，再另一个这样？”

“不，我想我会先吃掉一整个东西，比如肉，然后可能是土豆，蔬菜可能最后吃。”

“如果我读一串数字，你能试着记住它们，然后再给我重复一遍吗？”

“当然可以。”坎迪斯回答道，忧郁的声音里又恢复了一丝生机。医生读了一串数字，坎迪斯很棒地将它们重复了一遍。我承认我自己做不到。医生摇了摇头，好像她已经预料到情况会是这样，明显她并不高兴。

“我对数字一直很厉害的，”坎迪斯解释道，“我能记住所有朋友的电话号码，即使我只听到过一次。我能记住任何与数字有关的东西，像是时间表，或者东西的数量，真的什么都可以。”

“这种数字记忆几乎让你着迷，对吗？”医生问她。

“啊，有一点，是的。”她有点混乱地回答道。

问题多多少少在这里了。在接下来的十五分钟里，医生又说了一些关于注意缺陷多动障碍该如何治疗的问题，并承诺副作用会控制到最小。确诊完药物治疗后，我们和坎迪斯一起离开了办公室。

她开始服药，但她发现这些药物让她失去了食欲，只能对着墙壁发呆。除了学校的那些吸毒者，其他人都在取笑她，因为她总是恍恍惚惚的。尽管这样，她还是能更好地集中在学业上。她的分数有些许提高。但很快，坎迪斯开始把药藏起来，宁愿把它卖给其他孩子，也不愿意自己吃。她在家中的行为仍是个问题，她和她的父母还是经常发生争执。她又成为了我的案主。

这时候，我已经对坎迪斯有了很多了解，但我们并没有谈起过在她被诊断时发生了些什么。没有人问过她对自己问题的看法，也没有人问过她，在她的整个人生背景下，如何解释自己的行为。

“你的父母告诉我，你已经停止服药了，成绩也在下滑。对所有这些事情，你怎么看呢，到底发生了什么?”我问她。

“我觉得这没什么。”

虽然这不是一个愉快的答案，但我也并没有太多期望。坎迪斯很可能正在期待另一段对话。

“我很想了解，关于你和医生的对话，你是怎么想的。”我继续说着，我的声音可能暴露了我对我所看到的事情的怀疑。

“她是一个傻瓜，就像那些与 ADHD 有关的所有垃圾一样，还有像豌豆和胡萝卜之类的这些东西，这些药让我变得精神恍惚，我几乎什么都不能做。等到放学时，我能做的就是把自己拖回家，然后看电视。这简直太不可思议了。”

“以前的你不是这样的，是吗？还是说再次重演了?”

“没有，我是那种喜欢出去玩的类型。这是真正让我家人烦恼的地方，所以当他们在的时候，我就会远离他们。因为他们会说，‘你不能去这儿，你不能去那儿。’他们总是在抱怨我。你已经见过他们这么做了。我不能做我自己，或者不能与我的朋友们在一起，所以我无法继续服药了，因为毫无意义。虽然我在学校的表现有提升，但其实是因为与我的朋友一起消磨时间。”

“在你们一群人中，你是属于狂热型的，对吗?”

“是的，我很疯狂，总能逗每个人笑，诸如此类。”

“当你被诊断为 ADHD 时，你怎么想?”

“该死，那让我觉得我就是个失败者，但这不是我。而且我男朋友也离开我了。我不知道为什么会这样。”

“对于这些事情，你现在想做什么呢?”我确定她有别的事情想做。

“我只是希望我的妈妈和爸爸别再管我了。”

坎迪斯的问题在家中从未得到过缓和，当争吵演变为打架、逃学变成每次消失好几天时，最终她被送到了寄养家庭。我不确定她是不是 ADHD，但我知道这种诊断和治疗给她带来了比治愈更多的悲痛：把她从一个聚会的中心人物变成了一个宁愿独自生活的人；增加了她参与毒品活动的可能性，因为她开始利用这些药物（尽管这是处方药）；让她觉得她的能力，比如她对数字的热衷，是一种病态的表现，从而成了心理失常的标志。这些都对她的性征和身份建构产生了影响。

坎迪斯的故事有很多不同的脉络，她的学习成绩和在家中的争吵就是完全不同的两面。如果我们投入更多时间去了解她生命中复杂扭曲的关系和对她产生影响的事件，也许能更好地帮助她平衡在学校中对求助的需要与对维持在家中和朋友面前个人诚信的需要。我们和她一样都有错。

坎迪斯的故事中带有我自己的个人利益关系。也许这是它吸引我的原因，因为在我的职业生涯中，我已经见过很多相似的故事了。当抚育自己的孩子时，我对能看到他们乖乖地坐在桌边已经不抱希望了，因为他们总是只专注于展示自己热情的天性。我最大的孩子今年九岁，有时候会厌烦学校，觉得自己的行为受到了限制，学校的结构并不适合他。他所说的这些并不意味着他的失败，而是因为他在努力，努力能做好。他宁愿作为一个五十米短跑冠军为人所知，宁愿作为唯一一个能与五年级学生一起在午间踢足球的三年级学生为人所知。我的儿子并没有注意缺陷多动障碍，也不需要药物治疗，他能够自我调节。但他也知道学校并不适合他（似乎学校不适合像他这样的很多孩子）。问题在于，我儿子的故事并没能阻挡住各种机构方案的反复灌输和希望孩子们变成温顺小绵羊的社会期望。天普大学的教育学家和抗逆力研究者里欧·里格斯比（Leo Rigsby）解释到，抗逆力已经成了一个针对特定类型的孩子和一套行为的典型美国概念，即那些具备个人主义、流动性、经济上成功等这类特点的孩子。

如果孩子们无法对成人所讲述的故事产生共鸣，那他们便会更倾向于向朋辈群体寻求支持。当我有机会去听青少年讲述自己的故事时，我发现他们充满活力、忠诚和支持、朝着目标努力奋斗，他们的经历讽刺地反射出了家庭希望他们能培养起来的很多价值观。但是当我们否定这些故事，并让孩子们置身于只剩下家庭和社区给予他们的问题身份的环境中时，对于他们挑出一个能获得尊重、实现自我的朋辈群体，还有什么好惊讶的呢？往往在这些群体中，他们不会因为自己的身份而感到羞耻。

帮派团体和孩子们的故事

帮派的存在已经非常的明显了。当公众和右翼智囊团迫切要求更多的警察到街上对付帮派时，除了能得到更多需要的市政资金和把它们用于不属于它们的地方之外，他们的这些施力起不到任何作用。我们自认为能吓唬到孩子，从而让他们改过自新。

青少年告诉我们，帮派联盟是他们身份的一部分，有时还是对排斥他们的家庭或社区强加给他们的消极标签的一种替代。加入一个团体并不意味着孩子们选择脱离自己的生活背景，这只是他们追寻支持和归属感的一部分。我们或许忘了孩子们通过贩卖毒品、偷窃或暴力而获取的权力感。这些行为很少会成为孩子们的首选，但是当其他途径都对他们闭塞时，这些方式就有了用武之地。我们成人吝啬给予孩子们欣赏，反而错把他们的打扮、吸烟或者其他让他们感觉到社会凝聚力的行为当做问题。我们需要知道他们这些行为背后的原因是什么：应对社会的不接受和在特定时间、地点而采取迫不得已的解决方式。

除此之外，我们认定的大部分帮派活动实际上与帮派一点关系都没有。关于青少年帮派参与的大部分研究都表明，对朋友组成的家庭街头犯罪团体或追随组织会产生认同感的很多青少年，实际上只有很少一部分会真正参与到这些有不同名称和一直从事犯罪行为的组织性朋辈群体中。帮派参与和大部分青少年最想获得的其实是归属感和身份感，而不是被卷入到这些犯罪网络中。据估测，只有5%的犯罪行为是无法摆脱问题行为的青少年干的。这对家庭和社区来说，是个好消息。但不幸的是，政客们并没有注意到这种消息。

相反，根据卡罗·阿基保德（Carol Archibold）和米歇尔·迈耶（Michael Meyer）的研究，我们看到很多急需的资源用于压制这些帮派，但实际上这只是证明了问题永远比小说更真实而已。在极少的情况下，出现社会冲突和不平等现象时，帮派活动才会变得突出。我有一个同事，在哥伦比亚的麦德林从事防止暴力的工作。他告诉我，在一个三百万人口的城市中，真正运作的帮派团体只有127个。更多时候，在加拿大和美国的城市，社区会使用过度强制力去处理那些青少年组成的非组织性朋辈群体，但他们只是彼此支持，以弥补对家庭和社区的缺失而已。除此之外，个别情况下，帮派的确存在，但很少有青少年在其中发挥领导者角色。因此，对青少年帮派参与的干涉行为不能仅限予判决他们的行为，更多要做的是：在行为不良及危险的同伴组织中，孩子们能创造出情节丰富的故事，因此我们必须创造一些途径，不仅能让青少年产生相同的体验，同时还能保证他们的安全和拥有强大的身份。

如果普通的威慑无法使青少年脱离帮派团体，那到底该做些什么呢？假如我们将孩子们参与帮派团体的事件看做他/她生命故事的一个章节，而不是所有内容，那么，希望总还是会有的。作为父母和其他照顾者，我们可以与他们合作创造出新的故事情节。

创造群体身份

我曾在一个拘留中心工作过一段时间，我和一个同事将其中十个青少年集中起来，尝试在他们中间创造群体身份。这些青少年的生活没有任何出路——因为他们只是重复着相同的路径，即实施犯罪行为，然后被送进成人的矫正机构。我们每周见两次面，重点在于帮助青少年重新建构自己的故事。当然，并不是完全由我们建构。我们只是给他们提供一个空间，让他们能够充分表达自己，公开批判在拘留中心的生活，同时也让他们有机会能与不同生活背景中的青少年一起交流。这是一件令人宽慰的事情，因为这样的环境能给他们带来一种被控制的积极体验，并能阻止他们以消极的方式来实现权力。这是一群被社区除名的青少年，也是一群完全激怒了父母的青少年，以至于他们的父母很高兴自己的孩子被送进了监狱。我们在一起度过的时光与他们生命中的其他经历都不同，的确是不同。这些对象与我之前专业生涯或个人生活中接触过的任何对象都不一样。

首先，这里有一些规则。我们尽可能试着去忘记我们在哪里。我的搭档和我会鼓励参与者们承担起积极的领导角色。我们仍然拥有所有的权力和特权（还有应急按钮），但在我们进行的团体活动中，他们拥有巨大的发言权。作为群体成员，我们做了一切能摧毁等级制度的事情，尽可能发挥我们的影响作用，而不是强加规定。毕竟，我们想想，在他们的生活中，有人与他们就权力进行过协商吗？在他们的世界里，不是对他们提出要求的人，就是让他们难以忍受的人。所以，当要求这个群体不能说脏话时，我是让他们考虑一下我作为一个群体成员的感受，而不是用我的权力阻止他们说脏话。结果是，我们达成了妥协。除了作为表达强烈感觉的合理方式，任何人都不能再说脏话（同样也成为生活中的一种规则）。于是，“他妈的”这样的字眼不再出现在他们的每句话中，但仍给予了他们使用自己街头语言的自由。

每当有新成员加入时，都会让他们向所有组员讲述自己的生命故事。其他孩子们会听他们讲，并且在获得新成员允许的情况下，可以打断他们。我们也会一起试着去弄清楚导致这些青少年进入拘留中心的原因是什么。我们努力去了解拘留中心是如何发挥其作用的，还有它存在的意义是什么。在这里，我们创造了一个安全的环境，并且希望彼此能相互支持。我们爱这里，爱青少年，同样也爱工作人员们。虽然花费了几个月的时间，但我们最终在这个群体中营造出了与孩子们生活环境中不一样的声音。除了言论的开放性，另外两个最大的改变就是这些违法青少年知道了保密性的意义，以及如何回归到他们应该有的行为。

通常来说，高危青少年不知道该如何扮演自己的角色。他们只知道怎样让自己酩酊大醉、怎样去寻求刺激、怎样激怒别人、怎样与别人对抗、怎样打架、怎样妨碍别人和怎样制造故意伤害。但作为一个孩子，他们无法扮演正常孩子的角色。他们总是将自己武装起来，所以我们要主动一些。我们写诗！我们欢笑！然后开始手绘，最后我们身上的涂料比纸上的还要多。我们看一些能与青少年对话的电影，比如《篮球日记》，而不是像迪士尼电影那样“健康积极”的电影。我们还演话剧。实际上，我们每年都在圣诞节有演出，只可惜不是以孩子们的自身经历为剧本。这不是《34 街奇缘》，只是一种针对未满足的期望、酩酊大醉的父母和圣诞树下暴力行为的粗略刻画，他们的老故事最终引起了大家的应有的关注。

我们一起做的每件事情都为参与者创造了一个做回自己的机会，这是一个能让他们重新开始的地方。在这里，他们可以回顾自己以往的生活，然后去规划一个不一样的未来。在澳大利亚阿得雷德的杜维曲中心的治疗师们，是一群因工作而闻名的临床医生，他们关注人们对自己一生的叙事建构，重写老故事和回忆过往。这两种技巧都旨在鼓励他们对曾经不堪其烦的问题做不同的生命解读：强调对人们优势的解读，但一些例外情况却常被遗忘，比如被认为有精神疾病的糟糕的过去。我们创建的这个小组有着相似的目标，即为小组中的青少年提供一个可以与其他人联系的空间，同时也能挑战其他人对他们的看法，始终在创造着新的过去和新的未来，还有新的故事。

考虑到这项工作不可避免地会触及到一些敏感的地方，因此为了完成这项工作，我们必须遵循保密性原则。青少年自己决定在大家围坐的一圈中间放张椅子，只要破坏了小组的秘密，就要坐到椅子上，并且必须要回答他/她的组员（还有我们成人）所指出的错误。不管你信不信，实际上，孩子们会对组里的隐私话题进行保密。只有很少几次，有些组员会说一些组里发生的事情，那么在下一次小组活动时，他们就要坐到中间的椅子上，为自己的行为负责。虽然有泪水、有愤怒，也有威胁，但大部分时候他们都是在谈论如何为自己的行为感到痛心。没有人想到这些坏孩子们能做到对彼此负责，包括他们自己。在过去生活的影响下，他们往往会通过“打击这个孩子”来解决此问题。但只有给他们一点点成长的机会，我们建构的新故事才能扎根，也就是说他们被挖掘出来的新的能力才能发挥作用。

虽然作为小组协调者，我们也同样受到保密性原则的限制，当然，这种保密性与专业职责发生冲突时除外。因为我们的职责是要保证孩子们不受到伤害，或者是伤害他人或自己。这经常让组外的一些同事抓狂，因为有时候会突然出现他们无法控制的情况比如小组成员会因为担心受罚而发牢骚。但小组文化的存在，会让他们弄清楚是否组员有抱怨的情况，然后与同伴一起寻找解决途径。

很难指出治疗方案如此有效的原因是什么，但我们能看到，当小组运作时，似乎所有的情绪基调都变了。青少年告诉我们，健康和积极的方式让他们的生活中产生了一些力量感。他们开始被倾听、逐渐敞开自己，并有了不同的自我体验方式和与同伴相处的方式。这就是故事建构的神奇之处，一个很小的改变能如滚雪球一般造就很大的改变。

当我们了解了监狱的结构，准备与这些青少年联系时，发现大部分家庭都有他们自己与孩子独特的相处方式。如果他们的相处能给孩子们创造一个空间，让他们自己讲述的故事与被灌输的故事享有同等的地位，那么他们可能会更愿意敞开自己，讲述自己。作为父母和照顾者，我们的职责就是专心倾听他们。或许我们自认为很了解他们，或是认为我们可以给他们提供建议，但最好记住，除非我们真的理解了孩子们对自己生活的解释，否则我们的自以为是无法对他们起到多大作用。除非知道他们转变问题解决方式背后的复杂原因，否则我们无法理解他们的选择。也许他们的选择看起来是随机的，但却带有一定的目的性，也就是为了成长。

对父母来说，他们无法不担心孩子的安全，但又很难解决这个问题。讽刺的是，只有我们对自己的压制越多，通过行动表现出关怀才会越多（不是通过语言和训话），才更有可能培养出具备反思能力和思想成熟的孩子，而这样的孩子正是我们期望的。

第七章　健康的偏差

我们经常使用“心理健康”这个术语，并认为我们在用这个术语时表达的是相同的意思。但我发现如果从两种不同的角度去思考“心理健康”更有意义。一方面，健康与否可以通过是否存在器质性病变来判断。但我的意思是，难道任何生理上的损害都会对个体的心理健康造成威胁吗？

有很多精神疾病都归属这类，或者至少在当时它们被认为是基于生理原因造成的。例如，精神分裂症、注意力缺失症、抑郁症，有时候还包括酒精成瘾和药物成瘾。这些失常情况很大程度上被认为是个体生理补偿的结果。有些人的生存环境“引发”了疾病的出现，这些疾病与器质性病变最大的区别就是它们已经存在于内心。这可以解释一部分心理疾病，因为实际上出现这些失常情况的人并不是很多。对于大部分精神疾病来说，治疗并不是意味着“吃两粒利他林，然后早上去看下医生”这般简单。

另一方面，通过审视不同的个体、家庭和其他对一个人的精神健康产生积极作用或威胁的社会因素，来看待心理健康或精神疾病。举一个例子可以说明这两个方面的不同之处。我的朋友有一个儿子，早在小学的时候就被诊断为注意力缺失症。不像很多其他孩子，他们是因为无法保持坐着不动（比如最后一章会提到的坎迪斯）而被诊断，但乔希（Josh）的症状很明显表现出了一定的机体问题。他很容易分神，而且让他在一个嘈杂的教室里写作业是一个巨大的挑战。他会坐立不安，无法长时间坐着，而且想问题的方式与同龄的其他男孩都不一样。从二年级开始，他就一直在服用利他林，这是一种应对这种情况的普通处方药物。但如果不是遇见乔希，你可能完全不会知道利他林是什么。你也不可能怀疑他患有精神疾病，一种脑功能失调引起的精神疾病。

相反，你遇到的这个年轻男人更有可能是一个在高校社团中非常活跃的人。他加入了两个运动队，是校乐队的成员，还在当地的温迪国际快餐连锁店兼职，并且喜爱阅读。如果你遇见了乔希，我相信，他的自信、沟通能力、热情和充沛的精力一定会给你留下深刻的印象。他是一个高挑纤瘦的男生，四处奔走，好像有用不完的精力。他说那些药物能帮助他集中精神，但他一直保持服用最小的药量，因为这些药有很多副作用。确实，这些副作用会削弱他做事的能力，从而对他的心理健康产生不良影响。它们会让他昏睡，变得目光呆滞，或是导致食欲不振，正如我在最后一章里提到的，这些药物甚至会对他的性欲产生影响。但总体来说，乔希的心理健康状况还是很好的。

他对自己感到很满意，能很快列举出自己擅长的事情，他有接纳他的社区，还有很多亲近的朋友。通过了解他的生活，似乎并没有让我们发现精神疾病的存在与否会对心理健康产生多大影响。乔希并没有让他的疾病影响到他的心理健康，但另一个原本很健康和幸福的孩子在他摔断了腿之后说，因为被歧视导致他的心理健康被毁掉了。因此，尽管乔希有精神疾病，但他的内心却非常健康。

当然，也可能会有些变化。如果乔希无法控制病情的症状，他的整个精神健康状况就可能会受到威胁。例如，如果因为无法集中注意力或无法保持坐着不动而使他不能适应学校的生活，让他变得不自信，也许还会因为学业问题而变得窘迫。也许他会通过一些途径向其他人袒露他的感受。这时候，偏差行为的朋辈群体就可能会成为他应对这些情绪和学校参与度缺失的选择。但是当疾病的症状可以得到控制时，精神疾病与心理健康还是能够区分的，它并不能预测孩子的行为。

但在我看过的对这类儿童的评估中，这个问题经常被遗漏了。这些报告总是更突出孩子的失常行为，而忽视了孩子健康的一面。我们已经发展了一套与精神疾病相关的完整的精神健康产业，专业助人者经常受这种“固化模式”的困扰。我们对自己评估疾病的能力充满信心，但却不愿去看孩子们生存的方式。乔希很轻松地让每个人都觉得他非常健康，但对于那些通过非亲社会行为达到某种程度健康的孩子来说，要想理解他们的“健康”就相当困难了。在这些案例中，父母接受我们对孩子的诊断结果，相信这是造成孩子们出现问题的原因。在这种情况下，青少年逐渐从他们的照顾者转向朋辈群体。因为在朋辈群体中，他们的健康才能被认可，不健康才会减弱。

我在戒毒中心接触过很多有过很长吸毒史的青少年。与其因为他们的行为就断定他们是不健康的，那我更愿意在做评估时问他们一个简单的问题：“吸毒对你意味着什么？”

父母可以对孩子问同样的问题。我不会问他们：“你为什么要吸毒?”因为这种问题实际上是在暗示，我的答案是对的，而他们是错的。与其使孩子陷入防御的状态，我会更愿意去试着理解，吸毒对孩子和他们的朋辈群体来说，意味着什么。他们一次又一次地告诉我，吸毒比其他偏差青少年所做的事情“有趣”多了，这让我非常难过。然而，并不是只有我有这种体验。来自南非、匈牙利、哥伦比亚、美国、澳大利亚和加拿大的很多国际研究指出，很多青少年发现，通过吸毒和其他问题行为可以获得更多的快乐，包括携带武器、逃跑，还有早期性行为等。

因此，当青少年说吸毒很有趣时，不要把他们的答案想得过于简单，我的很多同事就是这样的例子。相反，我对探索其背后的意义更有兴趣。这听起来似乎有点难以置信。因为有趣而吸毒或许真的是对孩子们经历的确切解释。如果我去问我的朋友，他们为什么要在聚会上喝酒，可能会得到同样的回答：因为喝酒增加了节日的气氛；让聚会更加有趣（尤其是在不自在的社交环境中时）；让大家更放松；还有酒的味道很棒。所以，当青少年同样使用和滥用这些东西时，我们应该如此惊讶吗？在我接触过的高危青少年中，这种平时不易获得的物品和乐趣对他们来说都是缺失的。即使通过其他途径也有很多机会可以获得乐趣，但很多青少年仍选择与毒品相关的活动。因为对他们来说，这是获得开心的最容易也是随时可获得的方式。

巧合的是，重视吸毒或酗酒的偏差朋辈群体同样也是孩子们最容易加入的群体。我遇见的大部分成瘾孩子都不会计较群体成员是谁，只要每个成员都支持群体文化就行了。他们告诉我，做一个坏孩子很容易。只要朝着窗户扔块石头，偷点东西，或者吸毒，你就可以成为其中一员了。要获得幸福感，当然也可以通过优秀的运动能力、学业，或是社区的广泛接纳度来实现，但这些渠道并不是对所有青少年开放的。对于很多走在错误轨道上的孩子来说，即使他们能找到自己需要的资源，且需要一定的时间去适应，但社会告诉他们，他们不需要获得接纳。对另一些经历过严重创伤、成瘾或被忽视的青少年来说，偏差行为可以让他们很容易地获得强有力的身份，而且他们很快乐。

我最后一次见米契的时候，他刚 15 岁，现在与他中产阶层的父母住在郊区，已经长大了。这是众多家庭的一个典型代表。他们有一些问题，但整体上还不错。父亲有稳定的工作，母亲在家中抚育三个孩子，等他们开始上学之后，她找了一份给当地的牙科医生做文员的兼职。这个家庭中没有人有酗酒或吸毒问题。母亲经常参加教会活动，父亲会在每年秋天去打猎。而每年夏天，他们都会一家人去野营。尽管米契有着这么稳定的家庭生活，但在他的青少年时期，还是惹了很多麻烦。在他八岁的时候，他遭到了一位神父的性侵犯，而这位神父却是他父母都很信任的人。我最后一次见米契时，是他第三次被监禁，因为参与了一次入室持械抢劫，被抢公寓的主人是一对老夫妇，当时正好在家中，因为他在这次抢劫中并不是主犯，因此被判了 6 个月。因为他行为极端，所以一直在一家专门机构中接受我的治疗。

他的父母告诉我，“米契是一个很聪明的年轻人，有着修长的身材。我们无法想象，在不被毒打的情况下，他是如何在街头生存下来的。跟他一起玩的孩子似乎都不是省油的灯。在这样的环境下，他还生存着，我们觉得这是个奇迹。”他们都放弃了把自己的孩子从街头拯救出来的希望。他们无法束缚他的行为，因此似乎不能阻止他与其他问题孩子接触。

实际上，米契是一个很清瘦的男孩，身高超过6英尺，体重不到125磅，在成人面前时总是温文有礼。但当他和他的伙伴们一起在外面时，他就变得跟他们一样：外向、令人反感、不成熟。在监禁和住院治疗的那段时间，他的行为确实很古怪。接受治疗的人都会有一些与众不同的行为，这并不奇怪，但米契对“疯狂”行为的执著让每个人都很吃惊，包括我。因为他发现，如果他表现得够疯，人们就会允许他回到自己的房间，享受一人的独处，那里才是他觉得安全的地方。

在这个狭隘又受到严格管制的机构里，孩子应对街头生活的简单生存策略都被剥夺了。在这里，孩子们自主选择身份的机会是有限的。米契不想让任何人知道他被侵犯过，也不想变得脆弱，而再度遭到照顾他的人对他的侵犯。他修长的身材也让他成为其他男孩的潜在目标，而变“疯”则成为他的自我保护方式，并且越来越擅长这种方式了。他偶尔会做一些奇怪的事情，比如能在他房间的地板上保持一个胎儿般蜷缩的动作很多天，吃得很少、喝得也很少，摇头晃脑或是用头去撞水泥墙。不用说，以这种方式他引起了很多关注。他的行为令工作人员都很信服，因此他们会不由自主地做出回应。

米契被贴上了“抑郁”的标签，接受密切观察，并向我寻求帮助。当我和照顾他的青少年工作者通过对话将他的家庭及朋友联系起来时，越来越多的现象表明他并不抑郁，而且，实际上，他成功地找到了一种应对威胁感的方式。他利用自己的优势巧妙地处理了心理健康系统。在他所处的环境下，他的行为是完全合理的。当我们和米契的父母开始站在他的角度思考时，便有了成功的合作。米契的抑郁消失了，他开始与其他孩子交流，跟曾经一起玩过的老朋友打电话聊天。

我们帮助米契的方式就是在他蜷缩在地板上的时候，让比较值得他信任的工作人员进入他的房间跟他说话，但不要过于纠缠对他进行提问。相反，他们只需要在那里坐几个小时，然后选择任意话题展开即兴谈话。米契可以无视这个疯了一样的人让他继续自言自语，也可以对这种接二连三的关心做出一些回应。我们都知道他并没有疯，因为我们的目的就是要让他知道我们是他的照顾者。我们并不要求他一定要离开他的房间或是做其他任何对他产生威胁的事情。如此坚持了三周之后，米契终于开始有反应了。我清楚地记得那天是轮到我进去和他说话，我就随意地跟他聊起我的生活、天气，什么都聊，我能看到有一抹苦笑掠过他的脸庞。他和我都知道真相被揭穿了。

渐渐地，米契停止了这些怪异行为，而选择更容易被理解的行为，并找到了维持安全的其他方式。当他对身边的人更加信任时，甚至开始谈起他过去受过侵犯的事情。对米契来说，心理健康和精神疾病并不是那么容易区分的。在我们理解了他的生活方式之前，他被贴的那些标签几乎没有任何意义。

感觉舒服即意味着力量感

心理健康并不是指我们自己要“做”些什么。心理健康是由我们身边的人和他们对我们的支持方式及接纳方式决定的。孩子们告诉我，很多时候他们需要的是人们对他们的自我定义的支持。

俄国哲学家米哈伊尔·巴赫金（Mikhail Bahktin）曾写道："语言不属于任何人。"在我的工作中，我发现孩子们给自己的标签总会被成人处理掉，好像我们还应该感谢他们。我们忘了，我们始终在通过公共参与对我们使用的语言进行意义建构。现在，被认为是正常的和良好行为的事情要么是过时又庸俗的，要么就是不道德的，会对公众造成伤害的。例如，我们曾经甚至都没有争论过孩子们是否应该和他们的父母一起成为劳工这个问题。而现在的我们已经会用"童工"这样一种轻蔑的词来描述同样的行为，即使哪些工作适合孩子、哪些工作不适合孩子的争论仍在继续。我们常把学校中的体罚行为视为一种好的制度化惩罚方式，但由于接二连三地听到寄宿学校的暴力行为报告，我们见证了"惩罚"这个术语的重新定义过程，曾经被认为对孩子健康及必要的指导方式被逐渐抛弃了。而现在的我们理所应当地将这样的行为理解为强者对弱小者的虐待行为。

米契不是"疯子"，他是一个幸存者。对于那些被我们的语言所贬低的人，我们可以对他们进行赋权，以帮助他们战胜自己身上的标签。在一些主要城市，那里的街头孩子已经有所行动了，并且更多的孩子在争取作为"创业者"赢得大众的认可，从而取代"街头混混"的标签。

但这些新意义的赋予绝不是一个人就能完成的，这需要整个社会对孩子们负起责任。我遇到的一些青少年，他们会为了维持自己的幸福感而不断努力，哪怕成功的几率很小。在这样的条件下，我明白了，他们集中在一起只是为了寻找一个共同的声音：“物以类聚。”至少在一起能让他们知道自己是谁，而且不是那么容易被攻击。对很多孩子来说，他们感觉自己处于战争和遭受攻击之中。他们的心理健康最终还是由他们的自我力量感决定。

如果只是让孩子们同意由我们成人来安排他们的世界，然后等着被社会接纳和包容，那这样的诺言实在太无诚意了。我有一些小小的证据。即使这些被排斥的青少年会同意，但问题仍然会存在，或是贫穷，或是肤色，或是糟糕的家庭，或是有一些与众不同的、对他们不利的生活方式。尤其是当你与青少年直接对话时，你会发现他们宁愿选择可以自己做主和维持幸福感的“非常规”生活方式。至少，与同伴在一起时，他们就和其他人一样，没什么压力。因此，在没有了解这些之前，我们对青少年的帮助，只是在激化他们被问题渗透的生活而已。

洛伦就是这样。她知道她该怎样维持自己的健康，即使其他人不这样认为。当我见到洛伦时，她 15 岁。就像杰辛萨一样，这个年轻的姑娘被父母带到我的办公室，站在他们的侧面，她也是被迫来见我的。而且她也和杰辛萨一样，是一个很有想法的女孩。但不像其他同伴，洛伦不爱说话。她来自单亲家庭，和她的妈妈杰娅一起生活，杰娅想就她女儿挑衅的态度做些讨论，并了解她对家规的“看法”。对洛伦来说，她只想随心所欲地做自己想做的事情，也不会回避告诉她的母亲她会如何应对这些规矩。在我们交谈的过程中，杰娅一直在不停地说话，而她的女儿就像一块儿坚冰一样坐着，与每个人都保持着一定的距离。由于职业道德，我不能只站在她母亲那一边，而且我也的确想听听她自己的故事。最后，洛伦同意与我进行单独见面。

我发现，只要我给了洛伦被倾听的机会，她非常愿意去谈她的生活、她的朋友和她与杰娅的关系。这种方法会产生的一个风险就是，在对他/她的工作中，我们需要有更多的专业知识；作为助人者，我们必须真正接受青少年版本的故事。我不需要知道我听到的是否是事实，但我必须知道我所听到的内容反映出像洛伦这样的青少年他们到底经历过什么，才导致他们现在的状态。

接案后，我们同时讨论了杰娅和洛伦二者的不负责任和暴力行为。几周后，妈妈和女儿都再次来到了我的办公室，我的工作变成维持整个谈话过程的流畅，因为这两个女人都在试图为休战而找到一些共鸣。她们试图争出个胜负，看到底是谁比较正常。她们都把原因归咎于彼此之间的怒气。最终，她们理解了她们的关系并不是争斗关系她们都是在做能让自己感觉完整的事情。

洛伦觉得她的朋友比妈妈更理解她。她可能是对的。杰娅需要给洛伦提供同样被倾听的机会，就像她与朋友在一起时那样。任何助人者都可以处理这些复杂情况，但父母们无法独自应对这样的问题。与其贬低孩子们参与的朋辈群体，我更愿意去了解这些群体对青少年的吸引力是什么，然后试着在一定程度上将其应用到家庭中。

洛伦在家里所处的是一个充满吵闹和抵触情绪的环境。杰娅在她 38 岁的时候进入大学学习，他们搬到了一个新的环境，没那么多犯罪，比较安定，但却使孩子远离了她的朋友们。她有很多需要在新的学校适应的事情。最后很重要的一点是，妈妈的新男友总是很多，这是唯一与洛伦有关的一点。

四年前，洛伦被杰娅的一个男朋友性侵犯了。但由于缺少证据，这个男人从未受到任何起诉，虽然杰娅最后离开了他，但她从未相信过她的女儿。杰娅的前任丈夫，也就是洛伦和她17岁姐姐的父亲，因为猥亵了自己八岁的大女儿而被控诉并判了罪行。杰娅无法接受她犯了“两次相同的错误”。她很自信地认为她的新任男朋友是个非常“好”的伴侣，她的女儿们会很安全。但是她无法让洛伦相信这一点。

不幸的是，这两个都非常想相互依赖的人却始终无法找到一种合适的相处方式。为了解决这个问题，洛伦只能去寻找其他让她有信任感和安全感的人际关系。

洛伦告诉我，“我从不带我的朋友回家。我不知道这是为什么，只是不想带他们回家。”我并不奇怪。在家里，她为了从母亲那里夺回一些控制权不断努力，告诉母亲她做了什么，跟谁一起同居，是否会回学校等。她的母亲需要听洛伦说她所能提出的所有建议，但杰娅觉得洛伦是个不负责任又很危险的人。洛伦乐于接受这些建议，但她也有着强烈的独立倾向，而且对可能会影响她控制权的威胁总是非常警惕。

正如她解释的，“这并不说我只能自己解决问题，当然你自己决定要去做什么事情除外。没有人能让我做我不想做的事情。这是我的生活，我应该做主。”

“那和你妈妈在一起时会怎么样呢？谁告诉谁该做什么呢？”我问道。

“我给了我妈妈很多建议。她都能派上用场，但她并没有多听我说，她总是会弄得很糟。”

“那和朋友在一起时呢?”

“和朋友一起时，完全不是这样。我们互相提建议该做什么，但除非我们都愿意，否则是不会做的。不过很多人都认为我给他们提的建议是对的。”

洛伦并不是想指挥或是打击她的母亲，这只是她在混乱中求生存的一种方式而已。她的姐姐已经离开了这个家，和她的男朋友一起生活，留下洛伦和杰娅两人相互争斗。

杰娅认为她的女儿只是失控了，并仍在处理与所谓的“性侵犯”相关的“未解决问题”。要同意她的观点很容易，但我却选择从母亲和女儿二者双方的角度去看待这个问题。我不想陷入把洛伦当做“病态”的陷阱，即使她符合很多很多失常的标准。这是一个承担了过多权力的孩子，而且比大多数父母更像个父母。在大部分情况下，这种类型的孩子被称为“父母型孩子”，这是由家庭治疗师萨尔瓦多·米诺金（Salvador Minuchin）提出的一个新术语，用来区分那些与父母颠倒了正常身份的青少年，他们的责任感、能力和西方文化中所认为的自主权都超出了他们这个年龄该有的。然而，通过洛伦的故事，她的早熟让我印象深刻，因为她完全有能力保证自己的生活井然有序。坦率地说，在她母亲的生活中，她显得既讨厌又冷漠。但我并不认为这是精神疾病的标志。事实上，她的愤怒看起来都很合理。

当她说出曾被母亲的朋友性侵犯这件事情之后，我有一次问她，如果她的母亲不离开这个侵犯过她的男人，那会怎么样。但洛伦实际上并没有回答这个问题，只是开始对着我发起了牢骚，她说，“我真的很生气，”“我不知道她怎么能对着这样一个人，太恶心了。”

随着洛伦说了很多关于她生活的事情，杰娅开始意识到她的女儿有过这么糟糕的经历。杰娅对洛伦所面临的挑战越理解，她就越能接受洛伦对控制感的需要，同时也能让她感觉和女儿更亲近了一些。经过一段时间之后，洛伦开始有点理解了，为什么她妈妈很难做到让她自己做决定，还有当再次发生女儿被侵犯的事情时，她是多么难过。

我们总倾向于审视年轻人的朋辈群体，并觉得他们毫无用处。但洛伦的故事展现出完全不同的一面，她的朋友们是她能寻求情感支持的唯一人群。不在家的时候，她表现得非常成熟。尽管她经常把自己置于很危险的情势中，但在她的朋辈群体中，其他人都会向她寻求帮助，甚至是像母亲一般的照顾。洛伦知道怎样保护他人，怎样生存。在她的朋友们眼中，她是一个有责任感的年轻女人，有着比大部分人都强的问题应对能力，而不是一个糊涂又失常的孩子。

在我和杰娅谈话期间，当她听到“洛伦是个负责任的孩子”时，她开始是很惊讶，但之后她对女儿能够对他人产生正能量的能力表示很欣慰。起初这是个很难让她接受的事。杰娅确定女儿是因为社会的原因才惹上这些麻烦。她坚信，如果她继续与那些贫穷又极其渴望被照顾的孩子交往，她还会遇到被侵犯、怀孕或是被监禁这些事情。

但洛伦很聪明，她知道从某种程度上来说，妈妈对她朋友的想法是对的。杰娅回归学校的机会给洛伦树立了行为榜样，即使杰娅觉得女儿对所做的努力一点都不尊重。洛伦很清楚地知道她的朋友都是什么样的人，只是没有人花时间去问她的想法。面对她生活中这些特殊的人，她经常处于防御状态，但她没有机会让别人知道自己与他们其实不一样，而且她的梦想与他们的梦想也是分开的。不必惊讶，我知道她期望的生活包括尽早获得好的教育，这样就不会像她妈妈一样三十多岁重返校园。

从消极到积极的转变

我遇到过很多被贴上了“危险”、“偏差”、“失常”和“混乱”等标签的青少年，而这些只是对他们自身经历所做出的反应而已。个人的不良行为成为某种精神疾病的信号成为照管人公开争议的话题。拿塔米举例吧，我遇到她时，她 15 岁。她不仅仅是遭到邻居的一群男孩轮奸，而且身边很多人，包括学校的孩子们都将她视为“性虐待的受害人”或“幸存者”。这些标签无疑让她非常痛苦，她告诉我，“‘幸存者’这种标签真的让我觉得非常讨厌!”那件事情之后，她试图自杀，前臂上还能看到剃须刀和小刀留下的伤痕，这件事情让她的生活陷入严重的危险之中。或者这是我们成人所认为的，但是塔米解释道，对她生活更大的威胁是因为一个事件而把她整个人都覆上了这个事件的影子。

更为讽刺的是，试图去帮助的人越多，她讨厌的那些标签就会被贴得越多。当塔米的爸爸因为工作搬家之后，我已经成了她生活中的另一种治疗师，她确定我会继续做她的个案。通过我的工作，我注意到，不仅仅是这些年轻人的生活经历太丰富，他们的故事档案也是很厚的，每一次新的记录都让我们意识到他们的自主性身份越来越专业了。不要因为朋辈群体看起来很好就觉得奇怪，尤其是问题群体。这只是青少年的一种抵抗方式，是在告诉我们成人，不要过度关注这些受过虐待的孩子，不要对他们控制太多。至少在朋辈群体中，塔米是被同等对待的。她可以重新选择新的群体，或者将消极标签转变为积极的。

塔米受够了每个人都因为她糟糕的过去而把她当做脆弱的小孩，也厌烦了每次都要去反抗人们对她所下的这种定义，于是她决定改变现状，成为了一名受害年轻女子的同伴支持。塔米变身成了一位“生存”专家。对她来说，这是她对社会所贴标签的一种挑战方式，即重新定义自己的身份，赋予它力量和威望。

但在专业人员看来，这又完全是另一种情况。在我们看来，她试图想开始一种不受过去生活中这段插曲所影响的新生活。我们一起聊她生活中与侵犯无关的那些经历，但并不是逃避“侵犯”这个话题，只是搁置一段时间，直到时机成熟。关于男朋友、家庭和学校的话题我们都会聊。对这些与“侵犯”无关的话题的讨论是无止境的。

尽管如此，被侵犯这件事就像水中的墨渍一样，会让塔米生活中的一切都浸染上这种色彩，她和我都很清楚地知道这一点，她也提到过这个。但塔米也需要恢复为一个性经验不足的普通青少年身份。或许通过我们的谈话，她找到了一种恢复正常生活的途径。之后我们花了很多时间在谈论她被侵犯那件事情和对她生活造成的影响。但首先，她需要摆脱软弱的受害人身份，用一种不同的身份来武装自己。像珍妮特·亚当斯·韦斯科特（Janet Adams – Westcott）和谢丽尔·多宾斯（Cheryl Dobbins）这两位家庭治疗师，他们都有大量成功的儿童生命故事案例，反对“虐待主导故事”。他们认为简单的对话、游戏治疗、艺术治疗，还有戏剧都能成为挖掘被虐待儿童内在特质的工具，从而体现自身价值，但这些特质也许都隐藏在“受害人”面具之下。

塔米的自毁行为是她自我修复的第一种尝试。他们帮助她表达自己，但并不刻意隐藏受过侵犯的事情。作为一名对其他被侵犯女孩子的帮助者，她的角色也已经成了一种明智的应对策略，同时也让她陷入一种单一的身份。而我们的工作就是为她的生活叙述扩大选择。

对于大部分被强加上“问题”身份的青少年来说，解决问题的方式往往需要与他们能找到的能促进健康的资源进行磨合。而这些解决方式经常会给他们带来糟糕的后果，不管是给孩子，还是给那些受到他们的惊吓或伤害的人。但如果我们不先去了解问题行为对这些生活中经历过情感和身体贫乏的年轻人的意义，就要阻止它们的发生，那是很困难的。

拥有话语权，大声宣称我是谁

不久前，我去见了一个年轻的小伙子，他有很多问题，似乎注定了要在不同机构中度过他的余生。跟见过的其他人有所不同的是，我并没有一见到他就提起他做过的坏事。我来见他，是因为我确定，他能让我在没有意义的生活或没有盼头的生活下谈论“健康”这个话题上有很多启发。当我告诉他妈妈我来拜访的目的时，她非常惊讶。在一个阳光明媚的冬日，我如约出现在他们家门前，一只手拿着一袋甜甜圈，另一只手拿着我的笔记本和录音笔。

他妈妈目瞪口呆地说：“你想就我儿子的心理健康问题对他进行访谈？”她大声笑着，并摇头一副全然不信的样子，说道：“他太与众不同了！”

每当我跟父母们说，我帮助青少年获得更多的权力体验，从而让人们能以青少年自身期望的方式了解他们时，常常会遭到怀疑的眼光和苦笑，似乎人们都在质疑我是否头脑清醒。就像这对无法把自己的儿子当做正常孩子的父母一样，我们很担心如果交给孩子太多的权力，他们就会失去控制。这就是误解的开始。我并不希望父母放弃他们对宵禁的权力，或是放弃家中无毒品的规矩和规定上学日必须早归家的这种权力。

我们需要明白的是，首先，如果没有给予孩子表达自己的权力，那么他们一定会想方设法获得这种控制权。他们会用更响亮的声音、更暴力的行为以及去做一些会惹怒我们的事情来向我们宣告，我们无权干涉他们该做什么和不该做什么。其次，我们必须明白，不管他们对自己的身份认同多么奇怪，都是追求健康的一种必要行为表达。就像导弹一样，这些孩子一直行驶，只为了找到一个能实现自己的生命意义，并能接纳自己的地方。

从程度严重的问题孩子父母脸上，我们经常能看到他们的绝望和无可奈何，或者是愤怒和沮丧。我们告诉他们，一定要理解孩子们这些问题行为背后的积极方面。我跟他们分享孩子们从自己的角度言之有理的表达，依然无济于事。孩子们的建议是让大人们投降，放弃想要控制孩子们自由的战争，让孩子们可以选择自己的路。而令人悲伤的事实是，作为父母，在还没有意识到问题以前，我们就已经输给了这场战争。

但不管怎样，我现在越来越自信，我们能赢得战争的胜利，从而让孩子们获得健康和安全。但我们必须放弃隐喻的攻击和冲突，并开始理解，只要消除对立，我们的孩子就不会为了坚守自己的领域而如此斗争，或变得如此危险。

我的一个朋友，是合气道①的老师，他曾提醒我，我们可以利用对手的力量保护自己。当我们的对手已经失去平衡、变得不稳定了，如果我们不去与他们对抗，而是放大他们的力量，把他们拉向我们，让他们逐渐倾斜失去平衡，这样才更容易将其拿下。而我们的做法倾向于隔离孩子们，或是强行控制他们（其实我们根本无力控制）。我宁愿把孩子们的古怪行为看成他们交流的方式。如果他们寻求的是兴奋或归属感，金钱、各种特定目的，甚至是侵略，我都会与他们一起，帮他们寻找这些东西，不过要以适合他们的方式。我会有目的性地了解他们的行为，并用这种理解的心态来改变他们的行为方式，以保证他们和其他人都能安全。要想改变年轻人的生活，最好是从他们开始洞察混乱生活的真谛开始。

但我仍听到父母们说："什么，给我的孩子更多的权力？"我用下列的事实去说服家长们：在我数以百计的家庭和青少年临床工作中，我发现，当青少年用真正的权力去影响他们身边的人对他们的态度时，他们会变得更加宽容，也更尊重他人的

① 译者注：合气道是武术的一种。

权力。换句话说，当他们被赋权了，年轻人是很乐意与他人分享自己权力的。这可能与众多家长的青年生活经历不同。事实上，那些自认为已经给了自家孩子话语权的家长们通常已经错过了整个赋权过程中的第一步。如果大家回忆第二章，我们首先要做的是努力了解孩子的真实情况。在做其他事之前，在我们知晓尽管家长们有很大的缺失，我们必须要承认，孩子的问题就是问题的解决方案。

我相信当我要求别人给青少年更多的权力时，我所看到的犹豫和困惑是源于他们对“赋权”的误解。“赋权”已经成为现在的时髦词，被广泛挪用于商业世界。但这不是“让雇员获得更多利润”的意思（我曾经读过一个车间传单），也不是尼采写的，那种控制别人的权力，也不是将权力交给任何人的意思。唯一我们能赋权的只有我们自己。我们能做的就是消除别人在寻求个人权力中遇到的障碍，比如我们子女遇到的。我们可以确保孩子们得到能让他们变得健康和有控制感的必要资源：学习的资源、娱乐和食品的资源、安全生活和为自己感到自豪的资源、在他人面前展示自我的资源。作为在社会中拥有更多权力的成年人，我们可以给孩子们提供各种机会，之后就取决于孩子们自己了。但是，最重要的是所有这些资源都是为了帮助他们建立关系。孩子们都是通过与其他人的联接发现和认识自己的，对他们而言，我们，都是他们的观众。

被赋权的孩子能够接受他人的差异，因为他们不需要通过让别人对自己有好感来获得力量。有个叫贾斯汀的小孩子，10岁，住在我以前住过的同一条街上。他长得很矮小，只比我8岁的时候高几英寸。在街上的时候，他总是被一些孩子欺负。

当然，他不能攻击跟自己年龄差不多大的孩子，所以他去欺负更小一点的孩子，他可以轻松地打败他们，用他们不怎么懂的语言去伤害他们（谢天谢地!）。对于这个小家伙，世界可不是一个充满机会的地方，而是一个让他感到威胁和不安全的地方。他唯一可以说服自己也有价值的理由就是利用每一个机会把别人打倒。渴望对自我的肯定，他与别人交换权力，但他相信只能有一个领导者。

他错了。我遇到的最强大的孩子都是一些清楚自己可以成为领导者的人。我的权力的获得不需要建立在牺牲他人的基础上。这就是“赋权”的含义。“赋权”所蕴涵的力量建立在分享和关怀的基础上。

10 岁的小恶霸，长大后就会成为 16 岁的恶霸。我在前面的章节介绍过汤姆，他曾花了很长时间站在他威胁过的人的肩膀上。这是我共事过的青少年性犯罪者，他们最擅长用权力从别人那里获得自己奇怪的幸福感。

并不是每一个性罪犯都曾是性侵犯的受害者。然而，很多人都是。凯曾与我共事过两年，他至少被性侵过两次。他 4 岁时，曾经被保姆 13 岁的儿子“亲吻并且用力拉”他的阴茎。此事过后数月，他的父母才从其他孩子口中得知发生过什么。性侵害每次都发生在保姆家中，当保姆让她儿子照顾他时就会发生。之后，当凯 10 岁时，他去一个带他钓鱼的叔叔家过夜。凯被强制睡在叔叔的床上，而且被强暴了。凯 16 岁时告诉我：“我根本不知道他在做什么。我不知道什么是做爱。我也不知道他能对我做这些。”凯从没有对人说过这两起事件，直到他因虐待孩子而入狱。

凯是那些不显眼的孩子之一。他身材娇小，样貌普通，带着一种温柔的消极状态。他就是那种总是和更小的孩子在他的公寓大楼玩的人。他有点孤僻，也不太适应学校，有些人觉得他反应有点慢。他的父母都是随和的工薪阶层，开着破旧的雪佛兰卡车，还有一个大屏幕电视。凯的父母是双职工，但孩子们放学回家时妈妈总是在家。凯的哥哥已经辍学，没有工作，而且晚上经常出门。如果说曾经有一个孩子在我们的世界中迷路了，这便是凯。

这种迷失直到一个3岁的小女孩告诉她的母亲，凯曾对她做过一些事才停止。她说凯答应她，如果让他趴在她的身上，就可以在他的公寓观看大电视。之后，他告诉她不要告诉任何人，因为如果进入他的公寓时他的父母不在，她就会惹上麻烦。她不是凯伤害的唯一一个孩子。还有一个8岁的男孩，凯引诱他到家里，付了一点钱让他抚摸他的阴茎。

当局开始与整个公寓大楼的孩子们面谈时，他们发现凯对很多其他孩子做出过性侵害或不当性行为的事。但没有一个孩子说凯威胁他们时十分凶恶，他们大多感到困惑、心烦意乱或尴尬。他们不确定发生的事情是不是错的。

凯被判入狱一年，而且必须接受治疗。他的行为遭到同伴的嘲笑，他的父母也觉得非常尴尬。后来他的父母改变了，他们否认儿子做了被指控的罪行，认为是有些孩子编造了这一切。他们知道其他孩子不太喜欢凯，认为这些孩子就是用这种方式变本加厉欺负折磨他们的儿子。

当我开始面对凯时，无论是个案工作，还是小组工作，都让我很惊讶他是如何长到16岁的。他完全缺乏必要的人际沟通技巧。他不知道如何与同伴相处，而其他人也乐意忽略他的存在。

与性罪犯共事是一件挺艰难的事情，尤其是对那些有孩子的工作者而言。凯是一个很容易受欢迎的孩子，但他拒绝为自己的行为负责。他花了六个月时间才开始去接受侵犯这个事件。在此基础上，又花了六个月时间才能让他开口提起自己被侵犯的经历。虽然我们知道他十有八九是被侵犯了，但他一直坚持说“从没发生过那样的事。”因为凯非常清楚，对很多年轻男人来说，成为性侵犯受害者是一种软弱的标志。

有很多不同的理论都可以用来解释像凯这样的孩子为什么会去侵犯其他孩子。凯和其他像他一样的青少年告诉我们，一个没有机会壮大自身身份的孩子到底会做出什么。对凯来说，能占据主动权的唯一地方就是在小孩子面前。以前也有人以性作为利用他的方式。而利用自身优势，使同样的那种力量得到发挥是一件很简单的事情。对凯来说，与孩子发生性关系便是有这种意义。

像凯这样的孩子可能会出现的问题是，治疗能帮助他自我定位，并且传授给他与同伴相处时需要掌握的技巧，即使我们一直都知道他会遭到其他青少年的拒绝或更糟糕的后果。

他告诉我，“我没有朋友，也不认识这个新地方的人。”这种情况是无法起到多大改变效果的。“我不明白，为什么我不与小孩子们做有关性的事情，就不能跟他们玩儿到一起。他们可能会告诉别人，而且他们的父母也许就在附近。这看起来很愚蠢，但我从没伤害过他们。”

我不确定凯是否真的能够理解他的行为实际上对那些孩子

造成的伤害。他觉得他们都是他的朋友，而且我知道他觉得他属于他们。我也知道，比起与同伴相处的那段很长时间，他觉得与小孩子们在性关系的相处上是更成功的。像凯这样的孩子，都面临着寻求身份的问题，而他们的解决方式往往是以牺牲他人的权利和幸福为代价的。这种方式是不被接纳或者被赋予的。

错过机遇

对孩子来说，被忽略其实是一件很耻辱的事情，就像他们闪闪发光的才能像聚会后的汽水瓶子一样，虽然打开了，却被遗忘了，这些才能就浪费了。里欧·布斯卡利亚（Leo Buscaglia）曾经在大学教授关于爱的课程，他的书《生活，爱和学习》中有一个关于一个孩子和一个艺术老师的美妙故事，他曾在课上讲授过。布斯卡利亚开始讲这个故事，首先他提醒我们，作为个体，我们无法令所有人满意。然后他继续描述很多在小学都遇到过的烦人的艺术老师。她，或偶尔是他，会带着美术材料冲进教室，并向我们保证，会给我们充分自我表达的机会，但结果往往并不是这样。老师会让我们所有人都画树，但并不是画我们所了解的树，只不过是她想象出的像棒棒糖一样的绿色东西而已。正如布斯卡利亚如此详尽指出的，她并不是真的在让我们画一棵树，而是让我们画她的树。

当然，这个故事神奇的地方在于，并不是每个学生都会顺从这种课程的指导。每个班上都会有这样一些孩子，实际上，我接触的很多青少年都是这类孩子，他们会反抗这种服从。那些被贴上“品行障碍”标签的坏孩子们，他们将手指伸进颜料中，溅得颜料到处都是。虽然遭到怀疑的眼光，但却坚持继续作画。最后他们被送到学校心理咨询中心进行评估，理由要么是他们太暴力，要么就是太虚荣。布斯卡利亚书中的这个小伙子比任何老师都了解树，他用颜料完成了他的油画，但结果却告诉他也许脑部受损了，可能更适合去为特殊需求孩子开设的班级。让孩子有价值感和归属感的机会是很重要的，而凯的生活则是拒绝这些机会的一个极端案例。

这就是朋辈群体的吸引力。有时候，不幸的是，这些群体中都是一些偏差行为的孩子，这个朋辈群体并非不适合孩子的健康成长。对成长在毒染环境中的孩子来说，朋辈群体为他们提供了一个安全的自我表达的空间。对成长在不健康环境中的孩子来说，通过学习如何处理与他人的关系，朋辈群体为他们提供了一个提升自身能力的机会。没有经历过任何朋辈群体的青少年比处于功能失调朋辈群体的青少年更加危险。

作为父母和监护者，如果对很多问题青少年糟糕决策背后的力量和意义有更多的了解，我们才可能提供更有效的帮助。在大多数情况下，例如，在朋辈群体中，孩子们会体验到权力感。如果没有这种感受，他们便会转向其他的关系，如此反复，直到机会出现。我们的家庭同样可以发挥赋权作用，我们只需要理解是什么东西让孩子们能在朋辈群体中的体会如此特别。

第八章　接纳

策略四：承认青少年选择的身份。寻找身份的积极方面以及表达对身份的认同。

虽然帮助孩子们发掘我们的新故事来讲述他们的生活很重要，然而我们的目标是帮助他们发现一个新的自我和一个新身份。这时候，我们已经帮助他们呼喊出了自己的心声，发现自己的独特之处，讲述他们自己的真实经历。通过分享各自的差异，讲述新的故事，还帮他们发现了许多不同的身份。青少年往往更接近那些他们喜欢的，而且适合家里家外的探寻个人身份的故事。然后就是我们来接受这些不寻常的故事，或至少接受故事的一些积极方面。孩子们的朋辈群体就会这样，无论我们作为家长选择怎样对待，我们的确应该诚心诚意地跟随他们。

回想一下你年轻时候的样子吧。数年前，我参加了一个博物馆的展览，展览讲的是过去百年间青少年的服饰和习俗。回溯历史去看每一代人认为酷、新潮或时尚的东西，这样的收集真是了不起。服装的离谱程度不亚于今天，可怕和带有性暗示的音乐总存在争议，人们的看法莽撞而活泼，在音乐上可以找到任何“在你脸上”的东西。不敢相信的是现在的孩子与我们那时候是一样的，都在寻找一个独特又有力量的身份。尽管促使上述变化的营销机器本身也被改变了，通过互联网、音乐电视和500频道的世界变得更加成熟复杂，但是青年人想要建立独特文化的愿望始终没有变过。显然，家长不愿意让自己的孩子显得与众不同。我记得媒体讲述的百年青年史给我留下了深刻的印象。成年人所秉持的态度在一次次被重复，每代人都被告知（现在也一样）不要过分地违抗传统，然而拼命劝诫的那些成人已经彻底忘记，当他们年幼的时候，他们和自己现在试图控制的青年们的所作所为是一模一样的。

当我和任何年龄的孩子们在一起时，我努力回忆我们之间奇妙的权力失衡。我不能让这种不平等的现象消失，但我可以观察这种不平等是如何削弱弱势青少年的“追求健康”的身份。我希望让孩子们和我在一起的时间变成一种机会，让他们能在安全、自由批判的环境中探索自己的身份。但这并不意味着我保持“中立”，或我假装支持我认为危险的生活方式。真诚的态度是与青少年工作时真正应该放在第一位的。就像我们在他们这么大时所做的事情一样，年轻人讨厌虚伪和操控。比起表现得中立，我更喜欢表达自己的观点。

这就是对话和迷你演讲之间的区别。在对话中，我只说说我自己的经验，而迷你演讲试图用他们身上学到的东西来向他们施加影响。除非真的存在危险，否则我会避免说“你不应该这样做”之类的话。我们都知道，这是像在公牛面前挥舞着一个红色的斗篷。而孩子们的回答很可能是“欧耶，快看我。”好一点儿的劝导可能是，“我不喜欢你这样做”，或者是，“我不希望你这样做，这样让我很担心，我怕你会惹上麻烦。”至少这样说是助人者从他或她的经验来说的，指令性比较少，而且他们可能仍然会对年轻人说，“我想我知道怎么做更好。”如果孩子自己能够解决问题，并希望分享一些指导性的聪明才智，我建议采取一个完全不同的对话方式。

权力斗争

为了保证诚实公开的对话，我必须做的第一件事是清理纠缠不清的权力问题。我的经验是，孩子们很少听成人们的话，因为这会让他们觉得批判他们的人比自己权力大很多。而我不希望批判，我一直努力让对话中的参与者都变得平等。这不像听上去那么困难或危险。我可以与他人共享很多权力，但同时也能保证拥有很多权力。以我的经验，很多家长会不断斗争，他们害怕失去对自己孩子生活的掌控。在我看来，只要每天和孩子建立稳固的亲密关系，并且孩子快乐安全，无论在斗争中谁赢谁输，获胜的那方都是家长，因为孩子始终健康安全。

在前一章，我谈到了一群有行为过失的孩子，以及我们如何在群体中给予他们较大的自主性。虽然其他工作人员担心我们放弃了对孩子们的权力，但我们知道更重要的是，孩子们非常清楚无论我们给予他们多少权力，我们始终是主导方。毕竟，这些孩子是在监狱里的，我们可以给他们不少灵活性。在我的经验中，家长常常拥有比他们自己认为的更多的权力。我看到有些孩子偷了父母的银行卡，从卡里取了数百美元，但他们的父母并没有报警。我也看到有的父母没办法让子女乖乖上学，但还要为他们支付打车费，载他们去电影院。

另一方面，我也看到过一些家长告诉他们的孩子，如果你不在家里帮忙，那么你和你的朋友就不能用家里的车。我还曾见过家长拒绝成为家庭的俘虏，当他们喝晕的小孩在宵禁以后回来，家里已经上锁时，他们就在亲戚家安排一张床。作为助人者，我们的权力常常能让我们获得很多体验，即使是我们已经分享了很多权力，能让青少年行使发言权，让他们表述他们的言行举止和身份。

鼓励这些身份（不损害人的自我意识）是指家长对他们的孩子说："我与你是不同的，"或"我认为我无法做你在做的事情，"或"你做的事情对我来说很难理解。"这些办法可以真正让谈话继续下去，这些办法都让成人承认应该欣赏孩子身份的独特性，但我们不一定同意他们所做的决策。当孩子的行为是有生命危险的或存在道义上的威胁时，我相信我有能力使孩子免受伤害，我会说："我认为你必须停下来。我不能让你这样做，因为我肯定你会受到伤害。我爱你，我有责任保护你。"这些都是重棒和长鞭，如非必要，我都尽量避免使用它们。有些例子可能有助于区分这些差别。常言道，罪人，我们可以爱，但对于罪过，我们不能爱。

理查德和金姆是 17 岁男孩杰里米的父母，他们对如何让儿子在家更负责任和劝他与朋友外出时不要酗酒已经无能为力了。其实他们在抚养儿子这件事上已经做得很好了，至少在我看来是这样。甚至杰里米自己也认为父母给了他一个良好的家庭成长环境。"我知道，和朋友相比我拥有的已经很不错了。"他说。但现在，杰里米越来越多用自己的方式生活，理查德和金姆觉得他们已经无法对儿子产生影响作用了。他们很担心他的行为，家庭琐事的无休止争论和对儿子的期待又让他们很受挫败。理查德告诉我，"我们再也没有控制过他，他是咎由自取，我们百分之百确定是这样。”

我当然不会去争论这个问题。杰里米大部分周末都是在外面度过，并且喝得醉醺醺的。他无视父母对他的宵禁令，让它的存在变得毫无意义。他在家很少或从不做家务事，甚至都很少和父母一起吃饭。虽然家里总是为他准备好微波炉和剩饭菜。

但这并不是杰里米故事的全部。我知道他在一家汽车配件厂做清洁工，这是他自己找的兼职，只在放学后和周末时工作。他的父亲或母亲会开车送他过去，因为这家汽车配件厂在郊区的一个工业区内。起初他们还很开心，很高兴看到自己的儿子工作。而最近，他们连坐进车里都很勉强，因为觉得杰里米对他们所做的努力一点都不感激。但不管怎样，以他这个年纪来看，他已经赚了很多钱了，而且据他的主管说，他是一个很优秀的员工，他们会同意让他开车。

虽然杰里米的父母非常爱他，但他们也承认并不了解自己的儿子，他们几乎已经无法和他一起生活了。他的出现，就像一阵寒冷的北风一样，让整个家里都充满了紧张感。只要他走进来，父母的情绪恒温器就会触发，慢慢为接下来的争执热身。他们觉得无力、害怕，最糟糕的是有放弃的冲动。

我记得曾问过理查德和金姆，他们跟儿子是怎样聊天的。

“总是聊同一件事情。他不想跟我们聊。”金姆说。

“那当他要去工作的时候呢？会变得更合作一些吗？”

“哦，那会好很多，”理查德说，“他会做好一切准备后上车，然后我们行驶到那里，你知道这是很长的一段路，但我们一路上从不会说太多话，我感觉大部分时候就像出租车一样。”

“不过他按时去工作吗？做得很好吗？”

“是的。”他们齐声说道。理查德继续说：“他真的在那儿做得非常好，我知道这个。但他在家却什么都不做，都是我们要求他去做。我觉得金姆比我更严厉，我大部分时候都选择无视这件事，但他们俩经常能打起来。”金姆点头表示赞同。

过了一会儿，我又问道：“当你们和他谈起这个和关于他酗酒的问题时，会怎样呢？”

“我们会试着让他不要喝那么多，而且我也一直坚持让他保持自己房间整洁，并要帮忙做家务。天啊，他竟然比工作时做的还多。他会修剪草坪或是倒垃圾，或洗餐具，至少是他用过的餐具，这样的状态能持续一阵子。至于饮酒，只要我们跟他提这个事情，他就会阻止我们继续说下去。‘是，是，是’类似这种搪塞的口气。我告诉他，如果他一直这样，最后一定会像他的酒鬼爷爷一样死掉，然后世代相传。也许我只是在对牛弹琴。”金姆很恼火地坐着，急忙挥着他的魔杖，让杰里米看看他做的蠢事。

因为意识到杰里米的父母可能仍在控制着他的生活，所以我们花了几周时间提出了一个计划，找到一种指导这个男孩的方式，重建他们的亲子关系，跟他们分享了一些好的建议，始终尊重他作为一个孩子日益增长的对朋友、工作、未来和规划的认同。很快理查德和金姆就明显感觉到现在是与一个年轻的成年人生活在一起。他们必须找到一种方式，继续作为可信赖的父母或者是年长的、更明智的指导者的身份，成为他生命的一部分。当我们见面时，他们告诉我发生的事情，而且对已有的改变感到很开心。

当我们第三次见面时，理查德说：“我们采取了一些你的建议，没有全部采纳，只是一部分。”“如果他想像一个大人一样和我们相处，我们会觉得这很好。事实上，我们也一直希望这样。我告诉他，我为他骄傲。他其实很喜欢听到这样的话。注意，一定要找到一个合适的时机跟他说。但我发现我和他在车里的时候是一个很好的时机，所以我抛开了一切。成人对孩子是有一些责任的。他要么选择去做金姆让他做的家务，要么支付我开车载他去工作的费用。这段路程，如果乘坐公交车，要花 90 分钟，所以我觉得一天 20 美元是很合理的。起初他并不相信我，但我的确是很认真的态度。”

“所以第二天他给了我 20 美元，并且说，‘我同意这种做法。’然后坐进车里，好像我是个出租车司机一样，不过我觉得这样也很好。我拿着这 20 美元，和金姆一起去看了电影。再接下来一天还是一样。我觉得他可能以为我会把钱还给他，但我没有。不管怎样，他没有参加周末的聚会。然后到他下一次轮班时，他说他不支付车费了，他选择洗餐具和处理垃圾。我说，金钱第一，我们会看着办的。最后他没有支付我车费，决定自己乘公交车去上班，结果迟到了一小时。因为我没有开车送他去上班。不过第二天，他在上班之前把餐具都洗了，把垃圾也处理掉了。我们这么做并不是粗暴或是自认为高于他一筹。是吧，金姆？你说了谢谢。”金姆笑着同意了。理查德继续说道，“从那以后，就变得很好。在车上时，也能与我有稍微多一些的交流了，似乎有一些张力消失了。也许是他觉得自己更像大人了吧，我不知道。”

“接下来我们又聊关于他饮酒的问题。我知道，我真的知道，对于这件事情，我们实际上无法做太多。我只是想告诉他，我们很担心他，看到过很多因酒伤身的人。也许可以告诉他一些他爷爷的故事。这并不是说我们期望他最终也会跟他爷爷一样，只是想让他明白金姆一直在忍受的是什么，而且我们真的很担心他。但我觉得他并没有听说过他爷爷的故事。金姆认为她告诉过他，给他看过一些他可能从未见过的照片，也许应该让她的奶奶来讲一些关于爷爷的故事。我们一直告诉他，如果要跟朋友们出去玩儿，是可以开车去的，这并不会对我们造成麻烦。只是不要喝酒喝到第二天起不来床。你觉得这样可行吗?”

我答道：“听起来是一个很好的计划，请告诉我发生过什么事。”

一个月后，通过电话，我听说杰里米的言行举止越来越像一个大人了，他还告诉父母，他减少了饮酒量，但无法完全戒掉。他还告诉理查德，他知道在父母开始说起他妈妈成长过程中的经历时，就已经失去控制了。另外，杰里米还想用他的证件去买车，这样就不需要父母做他的司机了。他再也没有多余的钱去喝酒了。我很确定现在的杰里米越来越接近一个成人，不仅是他自己这样认为，他的父母也是这样认为，他能为自己做出更好的决定。最棒的是，金姆和理查德很高兴他们的儿子又重新回到了他们的生活中。

对药物滥用的挑战

当我们接受了孩子的身份时，如何推动我们进入一个陌生的领域呢？或者是说作为助人者，我们必须容忍我们认为是危险的事情吗？那会怎样呢？我们会面临的挑战是，用我们的方式去操控孩子们的问题行为，既要保持我们与孩子们之间的关系，接纳他们身份中我们喜欢的部分，也要指导他们远离那些可能会伤害他们的东西。如果我们吸取了青少年身上的经验教训，经过反思之后再去接近我们的孩子，这种微妙的平衡之举会变得更容易。关注他们的本质，尊重他们的差异，理解他们的故事，并将他们的身份定位视为一种健康旅程。

也许成人和孩子之间最具挑战性的分歧在于药物的使用和滥用。因为我们成人饮酒不用受到社会处罚，所以很多孩子就会用同样的方式使用软毒品。依我看，我必须将毒品进行区别，有的使用大麻、大麻胶，还有像迷幻蘑菇这样的天然迷幻剂，甚至是烟，还有人会使用那些会让人变得更加衰弱的毒品，比如可卡因、吗啡、处方药物或是嗅闻气味。最后的这类毒品，有清晰的证据：它们可能有产生极大危害的风险。因此，我觉得父母完全可以采用更加严厉和控制性的行动来拯救他们的孩子。很少有上瘾的人在摆脱了严重的瘾症之后会向拯救了他们的父母发泄愤怒。身份是一回事，而将一个人置身于摇摇欲坠的永久性伤害之下而不顾又是另一回事了。

只是娱乐性质地使用软毒品并没什么。有时候，成人会惩罚孩子们，但在青少年看来，吸食软毒品并没有比父母周六晚上的一打啤酒更糟糕。如果我们的目标是对不断成熟的青少年产生积极影响，那么在这样的时代我们必须学会宽容。如果我们不尊重他们，不认真倾听孩子们的故事，那他们也会如此。即使我们坚决不同意孩子们的行为，但对他们进行有效的帮助仍是我们义不容辞的责任。每当与孩子们真正谈起关于软毒品使用和相伴形成的身份时，这个问题就会变得非常复杂。不幸的是，很多青少年将吸食大麻视为对酗酒的合理替代行为，因为它不会让人变得虚弱。那么作为成人，我们是怎样理解的呢？又如何去调和我们察觉到的风险与对我们的想法完全不屑一顾的青少年呢？还有，如何与青少年争论不要滥用药物这个问题呢，毕竟当我们在他们这个年纪的时候可能也有过这样的体验，或者是现在在“使用”酒精啊？

理解吸毒带来的力量和随之产生的身份是帮助青少年建立起健康身份的第一步。我们需要保持一个开放的关系，从自身的经历谈起，避免变成一个小演讲。我与一位同事在给一群青少年和他们的父母开展小组工作时就是采取的这种做法。父母对青少年所说的内容（即使父母并不赞同或是担心孩子的安全）越表示出接纳的态度，青少年们就越会诚实地暴露自己。

在我们早期的时候，有一位 50 岁的母亲琼，是两个女孩的妈妈，她把我们的谈话内容转向了令她非常困扰的问题，对经常参与这个小组活动的七位青少年发出了下列疑问。

她说,“我不明白关于毒品的这些事情，为什么要吸毒呢?”

“为什么不能呢？你们喝酒，我们吸毒。这没什么大不了的。”她 14 岁的女儿切尔西回答道。16 岁的瑞贝卡沉默地坐着，看起来很犹豫要不要加入讨论的样子。她一直盯着天花板，似乎在说，“就是告诉你，你也不会明白的，所以没必要告诉你。”

“也许我能帮助你们,”我这样说道，“我也很好奇，跟朋友们在一起吸毒到底有什么样的吸引力呢？吸引你的地方是什么，吸食的是什么或者说是滥用，对吗？”我避免使用“为什么”这种很折磨人的问题。就拿我们来说吧，孩子们总觉得我们说话都是在抨击他们。

这次瑞贝卡回应了我。她说，“有些青少年酗酒，或吸毒，还有飙车的，很多成人就认为所有青少年都是这样。其实并不是，这就像是一种刻板效应，不是所有青少年都会滥用毒品的。我不想给自己惹上官司，我会闯点小祸，但从不会惹上太大的麻烦。”

“但是当你知道它们是违法行为时，怎么能知道你将来就不会犯呢？”40 岁的烟草商卡姆打断她说，他与他的妻子珍和儿子谢恩一起参加了这个小组。

“你怎么决定自己走到什么程度呢？这些行为发生的频率如何？”珍补充道。

“我想这是靠自己感觉能应付的程度来决定吧。”谢恩告诉我们。

“完全正确。”瑞贝卡急忙插了句。其他青少年也同时点头。

15 岁的波拉坦率地说：“我不吸毒，其他类似的事情我也不参与。”据她妈妈说，波拉是一个很毒舌的孩子。“妈妈，我知道你希望我做什么。”她直接对坐在她对面的妈妈这样说道。斯蒂芬妮回过头来看着。“就像是如果你和朋友们一起出去玩，他们想喝酒或是吸毒等这类，但我从不会加入他们。所有问题都取决于我自己的感觉。如果我不想做，我就不会去做，我基本会对自己负责。我有很多朋友都药物成瘾，而我却从来不碰这些药物。当然，我吸烟，但也仅此而已。至于朋友们替我做的决定，有时候会对我的总体决策产生一些影响，但不是所有时候都会影响到我。有时候我只做自己想做的。”

看看这些孩子，他们不会想到彼此之间有多大的差异，更不用说与他们一起玩的街头青少年之间的区别了。每个孩子都与毒品有着不同的联系，这些联系的细微差别在他们表达的时候会变得比较明显。

“我不确定我是否该相信你。”斯蒂芬妮如此诚实的回答让我们都大吃了一惊。

“相信吧。”目中无人的波拉说。确实，我知道她在其他很多对话中也总是能说出真相。

“所以请帮助我们吧。”她妈妈说，“当然，当我年轻的时候，我也吸一点烟，但在今天，似乎吸烟就成了一件很危险的事情。我听说，孩子们都有化学药品，还有专门的组织。当然，还有警察。我不知道。”

“如果有人问我，‘嗨，谢恩，我们有 2 克大麻胶，你想过来爽一下吗?’这时候，我会坐在那儿，先看他们一会儿，也许我会过去，也许不会。我会考虑一下，其实这只是我们娱乐的方式而已。我们不会总是做这种危险的事情。”谢恩试着帮助他的父亲和我们去理解。

我决定也插句话。“谢恩，我想现在的问题是你和你的朋友们看到的吸毒与你们的父母想象的情况是不一样的。感觉情况已经非常糟糕了。我听到每个人都在关心你和担心你。”

这次到了詹姆斯，一个很安静的 16 岁男孩，他曾经有过一些法律纠纷。“如果我看到我的朋友吸毒太厉害了，我会说，‘为什么你们要吸食这个？你们这是在毁掉自己的生命。’如果有人还继续吸毒，我会很生气。但我无所谓，他们是不是想变成这样愚蠢，跟我没关系。但是如果他们还是这样，我仍会跟他们谈，就是这样。至少他们会知道不再邀请我加入他们。”

琼问：“硬毒品和软毒品不一样是吗？这是你想表达的，对吗？”

“是的。”

“嗯。”

“废话！”几个青少年同时回应。

“如果你不吸食这些毒品，你会担心他们不再接纳你对吗？”

瑞贝卡这次抓住了主导权。“我无所谓。我觉得他们会接纳我。我有一些朋友，他们是真正的瘾君子，但我可以自主决定我的行为。这只是一个孩子群体而已，又不是邪教。”

“这是我的生命和我的身体。”波拉说出了很多同伴们想说的话。

这句话引起了很多父母的注意。突然之间这一切都变得更加清晰了，在这儿这些青少年们一直在被倾听，他们听到了对自己的鼓励，鼓励他们多年来忍辱负重去证明自己的价值，去克服来自他人的压力，去追求自我。在那个房间里，代际之间产生了一个实实在在的改变，因为父母很大程度上都是在倾听并且试图去理解他们的世界。这些一直被视为，当充满力量的青少年需要在同伴中定位自己的身份时所寻求的一丝关注。

“我不知道，但作为一个当代青少年，你必须将自己扮演成某种样子，以某种特定的方式。”切尔西说，“你必须吸毒和喝酒，去适应某些特定的群体。但是如果你不在乎是否被接纳，那就无所谓了。我不知道这些，因为我个人不喜欢那样。也许当我点燃了一支大麻，我的朋友们便会说‘哇，你一直在吸这个吗？’然后一直说个不停，只是想让每个人相信他们对这个很了解，让自己看起来很酷，但这其实很愚蠢。我不会这样炫耀，我吸大麻只是因为这样能让我开心。这与以前有很大的不同，因为那时候的青少年没有这么多的压力。你可能不能理解。”

我不得不窃喜。即使我们成人遗忘了青少年的压力，孩子们却是记得清清楚楚。正如我们试着去听他们所说的内容，但他们却喜欢把我们青少年时期的经历翻出来。我说，“我不确定我会怎样。”其他父母笑着说,“很高兴你们能为自己考虑。”“你们是如何应对这些压力的呢？”我这样问道，这时候我使用了切尔西用过的词。

“我参加的很多聚会上都会有酒和毒品。别误会，我喝酒和吸毒的次数只有几次而已。但是如果我不想，我就会说不。就像曾经有人拿着啤酒往我嗓子里送，还说着‘来来来，喝酒，’但我说，‘不，我不想喝。’毒品也是一样。这取决于你是什么样的身份，一共有两种身份，即跟随者与领导者。而我是一个领导者，每个人都知道，我有扮酷和说‘不’的权力，这与说‘是’一样很酷。”

“这听起来很安心，但是身边总有一些吸毒的朋友吗？你们在一起时，必须有人一直带着毒品吗？”这次说话的是谢恩的妈妈珍，她对这个问题很疑惑，我们也是。

“其实不需要这样，但他们总会带着。”詹姆斯回答说。

“我以前总是喝酒，只要有钱就去喝酒。”这回说话的是科利特，一个16岁的女孩，她是这个小组的稳定成员，但比其他孩子发言少。“在我13、14、15岁的时候，经常喝酒和吸烟。但自从我来到这个小组，我停止了吸烟。但我的朋友们都抽烟或喝酒，所以为了与他们相处，我不得不也和他们一样。但有时候可能会更严重一些。因为有时候这些行为会让我感觉更糟糕，比如会有悲伤的感觉。我原本以为这可能是一条比较容易的出路，但它会让情况变得更糟，会让你更能体会内心的感受，让这种感觉变得更深刻。”

“当你不再喝酒、吸烟的时候，受伤的感觉也停止了吗?”

“是，也不对。我有时候仍会吸一点烟，但其他的什么都不做。现在吸得有点多，以保持我的状态。也就是一个月一次，不会比这更多。”

传统观点认为，吸毒会阻碍一个人处理问题的能力，可能会使青少年的情况变得更糟糕。但对这些青少年来说，并不总是如此。有时候，通过参与吸毒行为的朋辈群体，某个青少年能找到一种他喜欢的方式来获得接纳。虽然这可能不是一个好的选择，但却是青少年能做出的对自己伤害最小的选择。

“我跟你一样，”瑞贝卡说，“有时候抽一口烟比弄糟一切、想自杀或其他这种念头要好得多。”

“我不知道我是否对你信服了，但我一直在听你说。”卡姆说。

“我希望你最好不要再这样，但我又不能绑住你，不让你和你的朋友们来往。”琼补充道。

“听到青少年们所说的这些，好像他们的行为比我们预期的要好。至少我们现在知道了他们在想什么，并试着去解决。听起来好像是，他们的吸毒行为并没有我们想象中严重。”我说。父母们也跟着点头。孩子们听完得意地坐在那儿。

像这样的对话无法改变任何事情。在我的职业生涯中，我也从未仅靠自己或任何一种对话就能改变一个青少年的吸毒习惯。但我曾见过父母和孩子们通过滚雪球的方式将像这样的对话不断发展成一系列步骤，从而帮助父母们去接受他们孩子的生活，同时也能让孩子们更坦率地去聆听父母的关心和建议。通过沟通，才会有更多分享的可能。当父母们至少知道他们的孩子到底在外面做什么时，他们才会少一些焦虑。同样，当错误再次发生，孩子们把事情弄得一团糟的时候，也许，只是也许，他们会去找父母寻求帮助。当然，这是额外的收获。不过，这种关系在危机时刻不会出现。随着时间的流逝，当孩子们感到被理解，并且他们的身份建构被视为解决问题的方式时，这种友好关系才能逐渐建立起来。

第九章　波涛汹涌

青少年遨游的“海洋”，并不是充满无限可能性的。有些人希望我们相信，每个孩子有一天都可能成为国家的领导人。对这种人来说，这种想法算是一种安慰。有些孩子能击败难以想象的困难，但更多人不能对抗困难。当与成人讨论儿童是如何生活在危险的生活中时，我总被问到，“孩子们为什么不选择其他方式生活，选择那些我们可以接受的行为方式?”不幸的是，这个问题的前提假设是，所有的孩子都有平等的机会。然而，不同的环境和生活处境对人的控制程度是不同的，我们的人生抉择都被我们可以触碰到的有限选择所制约。我们给生活带来的东西，以及生活分配给我们的东西很大程度上决定着我们的命运。

我想，产生一个健康身份的障碍在三个同心圆里。最中间的是一个小圆圈，它表示孩子们的个性特点，比如他们感性或理性的理解力、身体特征，包括性别和种族，还有一些可能引发他们内心深处情感的精神或情绪问题。第二个圈是所有的家庭问题。家庭是否存在家庭暴力、分离或有家庭成员的死亡，家庭承受了多大的压力。对每个孩子，我都解释到了这一点，家庭因素和个人特点对理解孩子们为什么只选择了某个“解决方案”十分重要。

第三个同心圆包含了我们面临的所有社会和文化障碍，这些都与个人和家庭的属性相互影响。这不只是一个男孩/女孩的问题，或者家庭是分居或离婚的问题。这是我们的文化在告诉我们一个“破损”家庭出身的男孩或女孩们应该是什么样的，以及这样的家庭会给孩子带来很多问题。

最外面的这个圆也是现实生活中孩子们成长经历的真实障碍，如社区犯罪、家庭贫困，以及郊区平庸的趋同性。了解孩子们意味着用批判的眼光去看待孩子们用来维持心理健康、保证对自己能力和生活控制的所有可利用的资源。娱乐的机会、好的学校和安全的社区只是孩子们保持健康的一部分因素。在稳定的中产阶级社区中，这些资源很丰富，但孩子们为了适应环境、保持与他人外貌和行为一致而受到的压力是一样的。这导致尽管别人觉得孩子们已经十分融入环境了，孩子们却感觉自己像一个陌生人生活在陌生的地方。

关注孩了

根据我的经验，每当我和一个家庭开始讨论，他们往往要先告诉我他们的孩子是什么样的人，做了什么样的事。我们喜欢把儿童问题归咎于他们的个人缺陷。我听过这样的话：“他学得不是很快”、“他一直是这样做的”、“这是女孩才做的事情。”我们总是把问题过快地简化成一个原因和一个结果。

奇怪的是，如果青少年能够很好地表达自己，那么他们面对父母时的劣势就能转变为优势。如果对父亲来说你是个“笨蛋”，那么就与辍学生来往，并证明你不需要学校就能成功。如果你的体态与常人不同，那么就和那些觉得你的体态还不错的人来往。如果你身体有缺陷，而且永远不会在运动上改进时，那么就去一个不在乎身体缺陷的儿童群体中学习生存和茁壮成长。这并不是说高危孩子在忽略他们的局限，而是他们在应对他们的缺陷和赋予在他们身上的污名。

多年来，我一直与青少年们一起应对他们的身体和心理挑战。和患有情绪障碍的同伴一样，他们表现出了非凡的能力，他们可以找到一些朋友，让他们感受到自己的强大和被他人接纳。我认识杰森的时候，他只有十六岁，他一出生就有缺陷。虽然看上去他似乎只是走路有点跛，但是事实上，他右腿膝盖以下都带着义肢。

杰森已经面临困境多年了。他在学校表现得并不好，也不能做很多运动，所以他说，他不轻易交朋友。他母亲是单身妈妈，很穷，在一个破旧的公屋里抚养他和妹妹。杰森的世界充满了不利于他找寻积极自我定义的障碍。社区里的很多人都说他“残废”、“愚蠢”和“白色垃圾”。然而，尽管并非所有的问题都与他的腿有关，但杰森新出现的不良行为模式、对他人财产的漠视、经常性的攻击行为，以及他的冒险倾向和滥用药物都归咎于他从来没有适当的方式来适应自己的身体缺陷。

杰森没有想到是他的问题。事实上，他发现在他的生活中，行为不良反而可以作为应对周围种种疯狂事件的方法。此外，在朋友圈中，他很少被当成“残废”，而是“可恶的小狗屎”，因为他爱肆意欺负邻居们，但部分原因由于他的残疾而免受惩罚。他的朋辈群体不仅给他带来力量感，同时还能把他的“问题”隐藏起来。这就像是滑雪服，这种宽松、钟底形状的衣服可以掩饰他的假腿。事实上，夏季和冬季的流行时尚使它更具吸引力，因为这样使杰森避免了穿短裤的问题。

“我只是尽可能隐藏我的腿，现在只有学校里的人发现了我的腿。我尽可能克服困难和别人做一样的事情。对我来说，这只是我的腿。我生下来就是这样的。我可以走得很远，我也可以跑得很快，就像每个人都可以比别人跑得更快一样。我也可以游泳，它不是真的残疾，”他耸耸肩，“只是与一般人不同而已。”

杰森相当肯定，他的腿没有什么大问题，但是其他的事情有很大的问题。

无论有没有两条腿，贫困、缺乏学习上的成功、无聊、他的社区带来的不利条件，几乎没有给他带来几个成功的选择。他的同伴和生活方式其实非常适合他的情况。他拼凑起来一个叛逆、种族主义和反制度的孩子身份，除了与他志同道合的人，他倾向于把每个人都排除在外。

我还记得有一次问他，在所住的街区，他和谁相处得很好，和谁相处得不好。他告诉了我，他那个街区的很多的不同群体，但他希望我把他当成一个个体来看。那是当他开始谈论新纳粹分子的时候说的。

“我不是纳粹，”杰森说，“至少从他们的规矩看，我不是。我喜欢黑人，我不觉得黑人有什么错。我只是不喜欢阿拉伯人。我喜欢中国人，但我希望这里不要有太多中国人，毕竟这里是我们的国家。黑人、我们和印第安人才是先来这儿的。我不恨犹太人，我甚至不关心宗教。我只是不喜欢黑人想拥有所有的组织和所有的权利。对了还有女权主义者，我也不喜欢他们。感觉他们似乎并不想要平等，他们只是想拥有比我们更多的权利。就像我叔叔说的，如果你是这个国家的公民，当你工作时，你就应该只是一名公民，而不是黑人男性或黑人女性，或者白人。”

尽管我知道这样的评论很难中听，但当我的工作对象是那些在生活中无路可走的孩子们，听到他们说这些话我并不觉得惊讶。这是一种与让他们感到害怕和威胁的世界相适应的思维方式。我总是能遇到有种族歧视或性别歧视信念的孩子，但面对这种情况，我首先会与他们建立关系。我需要明白到底是什么力量让这些信念如此具有吸引力，是什么讨厌的东西吸引他们与那些只是以牺牲他人为代价来获得力量感的人交往呢？

杰森的残疾可能在他的朋辈群体选择和身份选择方面只是起到了很小的作用。但想想，就像其他人一样，残疾作为杰森堕落的唯一原因，导致我们无法更深入地理解他或帮助他。毕竟，如果他没有加入新纳粹思想，那他还能去哪里找到力量呢？在学校，他被老师否定。他说这归咎于缺乏努力和学业的失败。

他坚持说：“我不是哑巴……我觉得老师不应该对我颐指气使。这不是他们的生活，而是我的。”

“我不知道老师对你是颐指气使的态度。”我试图帮助他。

他轻哼了一声，似乎对我和我的无知完全不屑，好像我明显不如他，以至于不值得他努力去纠正我。

“我的老师，我的妈妈，大人们，他们都认为可以命令我，就像在学校一样。老师认为他们可以命令我。有时候我不听，然后他们就会放学后让我留校，不让我走。他们会做什么呢？将我除名还是停课？然而都不是，他们什么都不做。其实被停课一点都不糟糕。”

“我知道你妈妈非常关心停课和逃课的事情。有什么办法能让你按照自己的方式行事，又顺利完成学业吗?”

“逃这么多次课，实在是太愚蠢了。我也意识到这样逃课，我会不及格，所以这两个月我每天都去上课。我觉得这样下去，我可以顺利通过这学年的考试。但我发现我的成绩下降了，我不知道这是怎么回事，所以我没有再坚持每天去上课，我又开始逃课，就是这样。虽然我的英语成绩不及格，但我交上去的作业并不糟。我做了一切努力，并且考试成绩很棒，但我的老师还是放弃了我。”

“你觉得这该怪谁呢?”我用非常希望听到他的回答的语气问道，并且没有表现出这个问题有“正确”答案。很多时候，孩子们知道我们只是想听到“都是我自己的错”这样的回答，尽管他们会责备自己，但他们只是说说而已，很少说到做到。杰森回应了我，并且告诉了我他的真实想法。

“这是一个很好的学校。他们放弃我，是因为学校规定你必须通过每门功课。我有一门课不及格，是因为有一道三十分的题没得分。音乐课是一位新来的老师。我专心学习，而且表现很好。这位新老师在我开始准备重回正轨时出现了，而且她不知道我以前逃了多少课，只是认为我不知道怎样学习，所以她放弃了我。实际上，我一直努力让自己不落后于其他同学，而且也学得很好。但因为我的腿，我不得不经常去医院。诡异的是，每次我去医院的时候都赶上考试。”

很多人去医院看他。在杰森看来，确实是他越努力，与别人之间的差距就会越小。但即使他去上学了，家里或邻里的事情也没有好转。作为一个辍学生、一个低级的种族主义街头孩子和一个偏差行为孩子，这一切似乎都是有道理的。他的生活充满了障碍，影响到他的幸福健康，而他所面临的个人障碍，比如他的腿和学习技能的缺失，都只是其中一部分而已。

期待

去了解杰森这样的孩子身边的同伴、父母等人对他的期待，对我们来说很重要。青少年的这些经历，就像一个永恒的剧本，告诉我们他们是如何生活的。孩子们说父母总把他们当做“失败者”，而且从不指望他们能成大器，但其实他们能成功的概率还是很大的。很多像杰森这样的孩子，他们面临的个人障碍都是他们无法改变的，人们对这类孩子的期望更多的是那些给他们贴标签的人，而不是被贴标签的人。而专业人员和非专业人员对他们见到的这些孩子充满了偏见，导致孩子们陷入了行为模式的困境。如果只是尝试让一个已经被学校认定为问题孩子的儿童去做出改变，那么你会看到这个孩子的老师和父母是如何开始变得怀疑，并且认为孩子们是否会捉弄他们。一个孩子如果努力与他人对自己的期待进行对抗，那么他可能会去挑战那些自认为非常了解他们的监护者，获取自己被压抑的话语权。

性别也是孩子们身份定位的一个特殊的强大障碍。多年前的夏天，我招聘了一个有中国血统的女孩工作，她叫丽莎。她有着批判性思考的天赋。她还很喜欢古物，想成为一个考古学家。她 16 岁的时候，曾经试图将自己的这个想法传达给父母，但他们已经为自己的孩子，尤其还是个女孩，决定好了她的未来方向，即经商或法律。我不理解为什么这两种职业才是一个女孩的合理职业，印第安那州的乔斯的生活就不是这样。但对丽莎来说，这就是规矩，她无法违背。据说违背的结果可能是失去父母对她的爱、支持和认可。

这种最后通牒往往会使孩子们很容易被身边命令他们的人利用，像丽莎这样的孩子是没有机会为自己的身份去找父母协商的，只能选择放弃自我，或是直接冲出家门，走向街头。在街头，他们可以转向同伴，从他们身上寻求有力的支持和承诺。通过选择合适的朋辈群体，这些被抛弃的孩子不仅可以寻找一个新的家庭，同时也意味着面临自己家庭的崩塌。找到一个强大的朋辈群体可以同时解决抗争和逃避这两种原始需求，其实不需要这样。

家庭

和孩子一样，家庭也同样在与变幻莫测的环境斗争，整个家庭经历的危机必然会对孩子产生影响。如果我们回忆下杰辛萨的父母和他们之间的冲突，或是洛伦对她妈妈和她妈妈男朋友的怀疑，或是汤姆所经历的极端虐待和被忽略的经历，又或是亚历克斯所忍受的情感暴力，就会发现，父母也有自己的问题，随之产生的压力便会施加给孩子。相似的是，对生存在情感荒原中的家庭来说，看上去与克里弗一家比赞美桑普森一家的古怪显得更重要，他们都用“同样的”期望限制自己的孩子。

感到被家庭条件限制的孩子们，不管家庭的缺点是真的还是假想出来的，他们都会去寻求朋友和家庭无法给予他们的机会。有时他们会在街头，甚至是在监狱的同伴当中找到一些出路。有时，也会像洛伦、亚历山大和马克一样，在娱乐中心、治疗机构或学校里，找到朋辈群体。在这些场所，解决方式由孩子们所面临的障碍之间的相互影响所决定。所有障碍像一系列谜题一样连在一起，我们无法通过简单看一个个体或家庭的问题就能了解一个孩子生活的全貌。我们同样也需要去了解这个孩子的社区和文化。

文化

如果我们超越孩子和他/她的家庭往更宏观的方向看，会发现对危险青少年自身定位产生影响的还有其他因素。我们的文化，尤其是大众文化，的确会限制孩子可供选择的身份。

毕竟，孩子们与成人不同。我们该如何行为、打扮和经营我们的关系，通过去杂货店买本杂志，或者通过我们的父母和朋友，就能知道了。我们的文化就像巨大的哈哈镜一样，能反射出我们的扭曲形象。但是当我们从外面看镜子时，我们不应忘记我们也是压迫我们的文化的参与者和创造者。每次对社会和社会规则的参与或不参与，我们的态度要么是增加规则，要么是对它们提出一个合理的挑战。不像前面内容讨论的期待，它们是通过最贴近我们的方式呈现出来，而这些文化期待更难识别，也更加普遍，而且有时候，还会以卑鄙的方式增强侵略性。不管我们选择了什么行为，我们都会保持从生活大杂烩中提取个人的力量。但问题在于，选择的有效性被我们根深蒂固的文化的约束条件所限制。

文化并没有像父母一样告诫我们要选择这个职业或是那个

职业。有时，文化会通过传递一些故事和图像来影响我们。尽管我们的文化中几乎没有什么真理，但我们经常忘了，我们的思考只是反映出我们的期待而已。我们如何打扮、吃什么、几点睡觉、每天做什么、与金钱之间的关系是什么、作为消费者的期待、如何表达（或隐藏）我们的性欲——生活中的所有这些方面都会被我们的文化影响，而我们的文化几乎没有考虑到所谓常识规则的无常。

在监狱里，我见到了米根，这是一个非常聪明的女孩子，在努力寻找一条符合她周围的文化的出路。我默默地钦佩她的决心，但我忍不住去想，如果她勉强自己去适应这些文化，在我看来就好像在扼杀她自己的灵魂一样。我不停地问自己，这真的值得吗？根据以青少年女生为工作对象和写作对象的作家玛丽·皮福（Mary Pipher）的说法，米根并不是唯一一个面临这种困境的孩子。

像很多其他孩子一样，米根来自一个暴力家庭，她的父母已经争斗了很多年，无数次当她的母亲特里莎和她的三个孩子处于非常危险的状况下时，就去妇女保护机构。当情况稳定之后，特里莎会再次回家，因为她别无选择，而且认为孩子们需要父亲。她只能通过沉迷于酒精和处方药来应对这个问题。作为一个女孩，米根在找到比她大的男生照顾她，并引导她过一种和她母亲一样的生活之前，一直是孤身一人在街上徘徊，尽管这段时间并不长。她冷静地解释："我想我会进监狱很大程度上是因为我的朋友，当然，都是熟人。我看到人们各种各样的犯罪行为。他们做的那些事情是很容易上手的。我知道我做的事情是不对的，但我无法通过正确途径得到我想要的。"得到她想要的就意味着必须要擅长劫车和武装攻击。

除了其他偏差行为者之外，没有很多人去帮助她。虽然她与他们都有联系，但她找到了一种帮助自己的途径。

“我的朋友很照顾我。在我 13 岁的时候，就开始照顾我了。那是我第一次去市区。虽然我那时候很小，但我早熟。你知道我是什么意思吗？”我点头，我想我知道为什么。我很确定她不仅仅是在说她的面貌。她本身带有一种神秘的色彩，而且表现出来的智慧完全超出了她这个年纪该有的。

“没有人知道我的年纪，我也不会告诉他们，因为我觉得不安全。但是一旦他们开始了解我和我的那些事情，他们便会照顾我，把我当成小孩子一样。”

“你喜欢这样吗？”

“当然了，这样很好。但是当我男朋友道格出现了之后，我真的不再需要他们了。他们举办聚会，玩得开心。道格会照顾我，他会帮我洗衣服，养活我还会保护我。我只跟他在一起，离开了我认识的其他人，我再也不需要他们了。这样合理吗？”

合理是合理。但令人难过的是，这个朝气勃勃、充满才气的姑娘就这样步入了靠别人而活的女性行列。但比起这个情节，其实还有更多的故事要说。

不管她怎么努力，都无法处于低人一等的地位。她的思维能力和行为能力比她身边很多人都优秀，包括道格。所以，当我知道她指使了她的一个女性朋友去偷车带她兜风时，一点都不觉得惊讶。但兜风这件事最后以车祸告终，米根在避开了警察进行短暂的高速行驶时撞伤了一个 10 岁的小男孩。车子最终在马路上翻滚了好几次，她的同案被告人瘫痪了。值得注意的是，米根离开了现场，但她并没有受伤，至少没有外伤。如果西尔玛和路易斯听到米根说这些，他们一定会觉得很骄傲。唯一的问题是，在监狱里，米根开始重新思考她的行为了。讽刺的是，我并不了解她都经历过什么，帮助她得以生存下来的那些退缩行为看起来，对她是有意义的。米根在面对自己的行为时，为了适应文化，她只剩下了空虚，这个年轻女孩子完全被忽视了。“现在人们眼中的我就是一个没用的人。”

“出去之后，你有什么打算吗?”我问。

“不知道，”她回答，“很多人说我有能力做出些成就，但这对我来说没什么意义。我只是想有一份自己喜欢的工作，比如说在一个大的酒店或是什么地方做厨师。你知道吗？我可以去专门的学校学习这些。你知道我的意思吗？我只是想做一份能养活自己又能让自己开心的工作，而不是有所大作为，就只是这样而已。”

“这听起来其实是两种不同的事情。一种是工作，而另一种是需要更多投入的职业。”我说道。

“好吧，我想职业对我来说并不是很重要，但工作很重要。我觉得我并不是一个勤奋的公民，我曾经做过一些不好的事情，所以我觉得我不值得拥有一份职业。”

“所以你希望的生活是什么样子的呢?”

“不再制造问题。起床，工作，就是简简单单的这种生活。”我不确定我们对米根的干预是否形成了一种关怀和康复体系，可以说是一个“成功”的典范。让我惊讶的是，她并没有沮丧。或者说，什么都没有，非常平静。她要离开这个胜似死亡之域的地方。

幸运的是，也可以说是不幸的，米根的生活并没有按她预期的那样展开。当米根在她所描述的那种平庸的生活中面对犯罪、吸毒的诱惑时，后者轻而易举就能取胜。她释放后不久，就又回到了她开始的地方。对她来说，我同事和我所代表的文化对她没有任何吸引力，即使是她想进入我们的世界。我们失败的地方在于，没能帮助她找到一条进入我们世界的途径，而是仍在抵制这个世界对一个年轻女人到底应该做什么的假设。作为一种文化的存在，而非一个个体，错误地引诱了米根，因为我们没有清楚地让她知道她该如何在社会规则的束缚下精彩地生活。

知道文化是一种“虚构”未必能让我们免受压迫。但对于提出不同文化概念的齐心推动，有时候也能对这种压迫力量形成一种强大的挑战。米根的同伴能给她一些除了平淡无奇的中产阶级生活之外的东西。青少年要挑战我们灌输他们的文化，就必须和同伴聚合在一起。如果没有同伴，那只能听到个体孩子为寻求帮助而发出的孤独的哭喊声。但一个群体就能做到更多，他们可以大声呼喊，他们能进行更多有效的抵抗。考虑一下六十年代人的感受。尽管每代人都会很难接受他们下一代人的智慧，我当然也准备好了去承认我们的失败，并允许青少年去帮助塑造一个更好、更包容、可持续性、亲社会的世界，尊重一个充满新奇的多样性的地球村。

并不是所有的罪犯都是因为考虑到要创造一个更好的明天才去实施犯罪行为的。事实却恰恰相反。他们经常抨击机构，因为这些机构并不了解他们，而且忽视了他们真正需要的东西。这是我与问题青少年的每次谈话都会出现的话题，而且我觉得我们不仅仅是在谈论他们做了什么，也是在讨论这个社会希望他们做什么。我感觉我已经不太情愿继续做我们这代人的代言人了，因为我们这代人总是希望孩子们的行为符合我们的标准。每当这个时候，我总是会想起有时我让他们做的事其实也很荒唐。这些高校的“傻瓜学分”（有一些孩子会这样称呼）不会让他们进入大学职业培养方案之列，那我为什么一直努力说服他们要完成普等教育呢？既然如此，那么我有什么资格说辍学和吸毒不是一个很好的选择呢？我当然希望事实不是如此，但令人难过的是，每当我与青少年一起工作时，能很明显地发现他们的选择可能比我能给他们提供的更好，这就使我的工作瞬间变得很挑战。我不得不停止只从孩子着手，开始思考我们的社会有什么地方需要进行结构性改革，才能使孩子们无需成为离经叛道者，通过违反或非常规的行为才能表达自己。

真实的世界

高危青少年在寻找健康身份过程中所面临的社会障碍存在于他们生活的真实环境中。如贫穷；逐渐衰退的社区；家庭暴力或街头暴力；毒品的供应；教育、健康关怀或咨询的匮乏；社会服务行业的超负荷工作者；娱乐设施的缺乏；还有政府关怀的缺失，这些都是影响一些孩子选择健康生存方式的实际因素。贫穷和有虐待倾向的父母一样威胁着孩子们的健康身份。在走投无路的时候，青少年只能选择他们唯一拥有的资源，即街头，在那里他们可以创造自己强大的身份。当我看到有青少年半夜溜达于市中心时，我知道有一些出于自愿待在街角的孩子其实还有别的地方可以去。但我也知道对另一些青少年来说，街角是让他们唯一感觉到有意义的地方。

通过与朋辈群体之间的关系，青少年可以躲开这些来自社会、政治和经济的障碍。青少年群体有本事不花很多钱就能获得乐趣。我见过很多经济状况不好的孩子都能用有创意的，但不具毁灭性的方式让自己在这样一个财富等于幸福的消费社会中活得很好。让我惊讶的是，这些边缘青少年能用这种方式创造出强大、健康的身份，同时又能与很多其他享有特权，又有着充足机遇的青少年一样，努力朝着相同的目标奋斗。

克里斯汀来自一个几乎什么都没有，又发挥不了任何作用的社区。那是一个如果你说你是来自那里的，那么人们就会以一种特殊的眼光看你的社区，似乎他们比你自己更了解你一样。克里斯汀没有令人“失望”。酗酒、偷车，跟在一群比他大的孩子后面，他们大多数个夜晚都在酒类专卖店门前，等着人来给他们买酒，而且往往不用等很久就能等到目标。然后就开始一起饮酒直到你放弃，或是打架打到让你放弃，有时候二者都有。我现在只能远观这样的一个世界，而如果再次遇到，也可能永远无法真正理解。

他坦率地告诉我：“我身边其实并没有很多人会在乎工作、学校或警察。”为了不去监狱，他选择了戒毒，在他加入了戒毒计划时我们见面了。他说：“现在我已经清醒冷静了一段时间，但也许当我回家时又不一样了，我不知道。”现在他又觉得甚至可以重返学校了，尽管不确定这是否可行。“我身边有非常多的伙伴，你可能真的无法聚集起这么多年轻人。我们在一起时，我非常开心，就没有时间去学校了。”

克里斯汀的大部分家人都是靠着社会救助或是从事一些季节性工作而生存。生活得还算不错的一些亲戚都不希望自己与克里斯汀扯上太多关系，往往让自己的孩子远离他和他的朋友。对这些孩子来说，个人的和家庭的障碍、长期贫困、专业支持的缺乏、娱乐活动的缺失就意味着他将在一个选择有限的环境中成长，继续像他的父母和祖父母一样过着相同的生活。

令人难过的是，对克里斯汀和像他一样的孩子来说，他们的未来也就可能只是比他们的上一代或上两代人稍微好一点而已。从事农业和渔业工作，需要年轻人具备责任感和成长空间。不同时代的期望可能也不同。三四十年前的人们经济状况远不如现在，但他们很少觉得贫穷。而今天，克里斯汀和他的朋友们，这些生长在农村的孩子，一直努力过上像城市孩子一样的生活。除了比城市的孩子贫穷，他们还几乎没有地方可去，甚至也没什么事情可做。惹事儿就成了他们大部分的消遣方式。

克里斯汀面临的风险因素的力量像它们的数字一样每天都在成倍增长。一个风险也许可以应付，面对两个风险就像承受着四个风险因素的压力一样，而面对三个风险就像被八个风险因素的力量压倒。我们面临的生活挑战越多，就意味着我们能负荷更多的压力，并需要更多的帮助去应对这些挑战。讽刺的是，对一个不堪重负的孩子来说，唯一可获得的帮助便是朋辈群体，因为他们都在面临着同样的生活重压。

当我与青少年或他们的父母进行工作的时候，很重要的一点是，弄清楚他们面临的所有障碍，包括个人的、家庭的和文化的。只有这样，我才能明白驱使孩子们创造出他们现有身份的原因是什么。在当今世界，不管是治疗师，还是其他来见他们的人，都倾向于对他们进行个体的心理治疗，但这种方法很难让人们看到孩子们的身份是如何被社会结构建构出来的。我们希望对问题进行心理分析，然后让这些问题在个体内部好好被处理。实际上，我们并不想走下坡路，看着我们自己是如何制造出这些现实的社会状况，从而导致我们的孩子只能通过“问题”行为来获得生存。

玛妮就是其中一个例子，从她身上我看到了很多。玛妮是一个 14 岁的女孩，她非常善于与她的家庭和社区进行谈判，他们要商定出一套新的规则，取代原有那些被认为是不可更改的规则。于是，玛妮开始征求母亲莉比、父亲鲍勃、姐姐柯尔斯顿和弟弟帕特里克的意见。我们的首要目标是帮助玛妮处理好她父亲的精神疾病问题。我听说，她的家人们都已经调整得很好了。鲍勃被确诊为躁郁症是发生在一次跨境狂欢回来之后，那次狂欢中他消费了几千美元，在回家途中却遭遇了边防警卫的对抗，发生了暴力行为。莉比不得不每天工作很长时间来还债，而鲍勃则一直躺在沙发上与孩子们争吵。

虽然鲍勃现在在进行药物治疗，行为也得到了控制，但莉比还是非常焦虑和担心。在前两年，莉比和鲍勃谁都没花太多时间在玛妮身上。她在家中不得不替代了母亲的角色，非常负责任，保证了家庭的正常运转。玛妮说很讨厌别人指挥她。

她父母常说玛妮是个“好女孩”，总是帮着做家务，从不争吵，很好相处。但当我开始对这个家庭进行咨询时，我却听到了一个关于她的不同的故事。玛妮有自杀倾向、逃课、性行为、吸烟、花钱大手大脚，而且拒绝去教堂，但这却是她们家庭每周日的重要日常活动。当我见到她时，玛妮刚回家。在她离家两天里，她曾用小刀割腕，试图伤害自己。玛妮解释说，她觉得大家都期望她能成为家中的“妈妈”，但她并没有能力来承担这个角色。

有段时间她的父母不在房间，她告诉我，“我真希望一切都能回到爸爸生病之前的样子。”这是一个非常简单的愿望，但我却无力帮她实现。不管玛妮是否喜欢，现在的家已经变得不同了；但不管怎样，我们都觉得他们可以比现在做得更好。

通过了解玛妮在外面与朋友一起生活的情况，我对如何改变现状有了一些线索。跟同伴在一起时，玛妮是一个与众不同的孩子，非常外向和自信。她有一个男朋友，但从来没与他发生过性行为，而且这是她的决定。当然，她的父母并不相信她。同样，她也喜欢打破朋辈群体中的性别规范，对自己在学校的优秀的自动化成绩非常骄傲。不幸的是，她母亲看不出玛妮学汽车修理的意义何在。不用说，玛妮更多时候只能离开家，与她的朋友们在一起，以克制自己的愤怒。如果在家，她很可能会被这种情绪打倒。

“我觉得自己能与任何人相处。我不会因为人们的长相和打扮而奚落他们，因为大多数人都有自己决定这些的控制权。我有这种控制权，我所有选择都是自己决定的。比如是否与一个男生交往，与谁做朋友，还有我是否吸烟等诸如此类。”

我们在一起花了很长时间讨论她的这些选择问题。我发现这是一个很有效的方法，可以帮助我发现她身上被她的家庭视为恶劣行径的积极方面。我们的某一部分对话比其他任何部分都能代表我所说的这点。

7月的一天，她告诉我，“为了一堆汽车课程，我今年已经放弃很多了。”就像做学校的年度总结一样。“但总有很多男生自以为没有女生能和他们做得一样好。以前每个人都以为我也是那种女孩，从没做过汽车方面的事情。但现在我所有的朋友都会说‘哇！你是怎么做到的?’这样的话。现在我的朋友们都觉得我入了这行很合适，即使他们并不是做这行……我真的不想成为像我朋友那样的人，因为我觉得实在很傻，但彼此有差异也挺好的。我觉得这样很棒。”

玛妮最大的“问题”不是她在外面的行为，而是她无法在家中像在社会中一样作为一个积极的青少年而存在。在同伴中，她既是一个群体成员，也是一个独特的个体。她为自己开拓出了一席之地。至少她能向其他人强加给她的期望发起一些小小的挑战。随着时间的推移，人们渐渐接受了她的与众不同。

但对于玛妮的父母来说，他们的女儿挑战的是他们视为神圣和规范的东西。除此之外，他们控制着所有的事情，这实在太过分了。他们来咨询我为他们的女儿定了什么样的目标。然而事实是，一旦父母不再过多干涉女儿如何像一个普通女孩那样的行为表现时，玛妮就可以为自己做主了。虽然有点犹豫说出口，但我却忍不住想，玛妮的朋辈群体会比父母给予她更适当的支持。我确定莉比和鲍勃非常在乎玛妮，也深深地爱着她，但他们却为了争夺控制权牺牲了他们与女儿之间的关系。

看到这样相互影响的家庭很难过，因为玛妮仍希望她的父母在她的生活中有发言权。事实也是如此，我们适时让她的爸爸妈妈回归自己的父母角色，让玛妮恢复到一个孩子的角色。只有在这种时候，玛妮才不会变成以前那个十分顺从的孩子。正如佛教所言，我们从不会踏入同一条河。当玛妮以全新身份回到家时，她的独特性得到了尊重，并利用家庭的优势选择自己所需，保持良好的状态。同时，作为一个团队，她和她的家庭都很擅长保护每个人的安全和重建他们的生活。这不是玛妮儿童早期幻想中的世界，甚至比之更美好。

第十章　停止责备

策略五：停止责备孩子的同伴。将青少年视为他们群体身份建构过程中的平等参与者。

当我们因为孩子的行为而责备他们的朋辈群体时，我们忘了最重要的事：群体文化和价值观是我们共同创造的。当我们试图将自己的孩子与其他“问题”孩子区分开时，我们就已经遗忘了我们真正的目的，即观察我们的青少年是如何参与他们的群体决策的，不管积极参与还是消极参与。相比之下，“越轨的”同伴控制了孩子的行为，而我们的孩子是无辜的，这样的想法会更容易让我们接受。朋辈压力的神奇之处在于，它可以帮助我们隐瞒事实。一个群体中的孩子就是该群体的参与者，即使他/她只是个跟随者，也比旁观者的地位要高一点。群体身份建构的过程中，不存在中立立场。

也许这就是朋辈群体在治疗过程中有这么大潜力的原因。作为一个社会，我们把它变成了一个很容易让孩子们形成单一自我定位的地方。在孩子们还很小的时候，很多父母就已经为了孩子变成出租司机，把他们从一个自强计划中心送到另一个。当这些努力得到称赞时，我们会为了孩子们的地位和身份，尽最大努力与他们身边的人沟通。

现在在大多数郊区，再也看不到孩子们在家门廊后面玩曲棍球或精心准备茶话会的场景了。曾经由孩子们掌控的公共空间现在已经成了结构化论坛，将成人认为孩子们需要学习的娱乐和技能一起教授给他们。这的确是种更安全的途径，但能满足孩子们对非结构化的同伴互动世界的需求吗？因为在同伴世界中，他们可以自己发挥主导，不断探求强大的身份。在组织化的活动中，孩子们能获得同样的做自己和表达自己的机会吗？过度程序化的孩子存在一个问题，即我们成人替他们做了所有的探索工作，而他们只是接受指令，“我们知道你应该成为什么样的人。”当然，父母倾向于用“去玩吧”这样简单的指令让孩子们出去，他们也没有更多选择了。而“和谁一起？”是住在郊区的大部分孩子可能会给予的回应。

如果善于滑冰，那我就是个“滑冰人”。如果擅长篮球，那我就是个“投球者”。除了这两种角色，我没有任何关于我自己的发现了。当然，我也没有更多自由去表达自己有多么与众不同。太多的循规蹈矩和结构化互动限制了探索的可能性和自我定位。一点点结构还是很有必要和帮助的，但遵守一个又一个规矩的程序化的日子可能会扼杀孩子们对自我的追求。现在很多父母都在冒这个风险。

其结果就是，我看到越来越多像吉尔一样的年轻人。她17岁，因为抑郁症来找我。早在12个月前，吉尔已经是一名优秀的体操运动员，赢得了她所在城市的冠军，但在接下来那个月的地区锦标赛中只排到了第11名。虽然名次并不差，但我觉得从结果来看，这还不够好。甚至在她10岁的时候，就已经将希望全部倾注在进入国家队这件事情上，但第11名的成绩并不能达到为她提供指导的水平。她突然意识到自己并不是最棒的，而且可能永远都无法参加奥林匹克运动会。在大多数孩子才刚开始憧憬明天的年纪，她就已经疲惫不堪了。

当吉尔来找我时，她无精打采地坐在椅子上，棕色的头发散乱地拧成一团。在她妈妈的推动下，我开始问吉尔关于她作为运动员的生活。她含糊地回了我一句，她已经“退休”了。退休这个字眼让我觉得很惊讶。我无法想象一个 17 岁的孩子会“退休”，不管是什么事情，对于这个年纪的孩子来说，所有大门都应该是对他们敞开的。但这种想法太简单了，运动员吉尔的世界并不是如此。她的整个自我形象，从身材到朋友，从饮食到社交活动和娱乐兴趣，都受到了严格训练和残酷竞争的影响。我花了很长时间才把我对于怎样才能营造无负担童年的先入观念搁置到一边。一开始我很难和吉尔展开对话，比如介绍她来自哪里，参与谈论她的生活以及自我定义等等。

因为从三岁开始，她就没有其他什么生活经历可说了。放学之后就是几个小时的训练。当她不训练时，就会去筹款建造体操俱乐部。即使是暑假，也不是完全没有日常训练的，因为伸展运动和巩固加强是全年都要坚持的。她的父母非常爱她，平心而论，是吉尔迫使他们让她进行如此强度的训练的。他们提醒她要放松，多交朋友，做一些其他的运动。但吉尔有自己的想法。她极力想成为最优秀的体操运动员，而且这个目标似乎很快就会实现。她想变成全国闻名的体操运动员，但那时候她只是个地方上的英雄而已。

我们见面时，她已经对所有运动都失去兴趣了。她也没有朋友，因为她唯一认识的那些女孩们依然在体操俱乐部训练，所以她根本不和她们一起玩。她的学业成绩已经降到了非常糟糕的地步。她谈到了自杀问题，几乎没有任何情绪波动。谢天谢地，她愿意跟我讲这些。

在我们一起工作过一段时间之后，吉尔找到了一些新的兴趣点。从她身上，我领悟到了很多。吉尔需要很多不同的朋辈群体，但她实际上只有一个。她的朋友圈子在她的整个童年时代应该是不断扩大的，但实际上她切断了与其他人的联系，除了与她分享同一种特定的生活方式的人。

现在的吉尔已经好很多了。和多数她这个年纪的孩子相比，起码没有显露出更多的抑郁迹象。我们也不需要再长期见面了。首先，有很长一段时间吉尔都在为逝去的梦想而悲痛，还有当她决定停止训练之后，生活中充斥的巨大反差。但仍存在的问题是，如何让吉尔和其他朋辈群体建立联接。为了寻求这个问题的答案，吉尔、她的父母和我一起琢磨体操能令吉尔如此兴奋的原因。值得称赞的是，她的父母从未强迫过她去参加比赛，反倒是吉尔自己极度渴望成功。她喜欢听到家庭和朋友对她的赞誉，运动服、行程和与她并肩同行的姑娘们，所有这些都让她相信，她是一个专业又精英的团体成员。但不幸的是，这个不切实际的想法很快就崩塌了。

而她的同学们此时正在不断丰富自己的经历和扩大他们自我界定的选择范围，吉尔的生活中却只有一个单一的课程。但现在连这个唯一的课程也没有了，很难再找到另一个能让她树立起自信的活动。尽管她已经建立了一个非常积极的身份，但还是完全被困在了这个僵硬的角色中。她现在最需要的就是为她自己建构一个更加复杂的身份，这就需要朋辈群体的介入，他们可以帮助她恢复自信和健康。

讽刺的是，我们发现吉尔需要的是一个不太专注，不需太多责任感、规矩和上进心的朋辈群体，也就是一群知道如何放松、娱乐、放弃、离开的孩子。我们去哪里才能找到这些孩子，或是如何能让吉尔与他们联系，这是个很难的问题。接着就有了意外的发现，解决方式很简单，就是她父母计划的家庭旅行。这听起来很荒谬，但却是事实。没有心理干预，没有精心制定的行为计划，没有密集的心理治疗，只是一次旅行，他们带着吉尔去不同的露营地，让她有机会接触更多孩子。但吉尔并没有如愿变成我们期望的那样。一开始，她很生气，愤怒地说这是一个“愚蠢的旅行”，她非常厌烦，跟每个人说这是个“讨厌”的野营。但一旦到了营地，她认识了很多以前从没接触过的新同伴，而且她可以在他们面前展示自己的单杠技巧，慢慢地，她发现利用自己过去的经历可以让自己获得一个新的身份。

危险的同伴？

在吉尔的案例中，她很年轻，又有足够的可塑性，因此能很快适应新的环境。她结交的同伴都愿意接纳她，伴随着这种接纳而来的是一种特定的身份，这是由他们和她的角色决定的。但是当这种同伴所给予的身份低于父母的期待或者非常危险时，我们就把目标转向了孩子的同伴，认为我们的孩子会变成这样都是他们造成的。

我记得14岁的克莱顿跟我说过，“不管我做什么，爸爸妈妈都会责备我的朋友们。这纯粹是在放屁。我想做什么就做什么，我的朋友没有让我做任何事。”他说了很多关于自己的事情，其实就是他们这代孩子的缩影，他们的自由身份因为父母的过度关注而受到了威胁。

当我做街头青少年外展工作时，见过克莱顿和他的孪生兄弟杰克。这两个男孩都不应出现在街角。他们所居住的社区非常奇怪：是在一个城市绿化区的边缘，住着很富裕的家庭，也住着很多的蓝领阶层。青少年基本上都不会在意这些差异，他们只在永远处于待修缮状态的公园长凳和篮球场见面。因为孩子们都搅成一团，再加上酗酒者将收集来的旧报纸拼成床在公园过夜，导致推着婴儿车的妇女们只能自己设计合适的散步路线。这种鲜明对比的景象为任性的青少年制造麻烦和创造性地表达自我提供了无尽可能性。

当克莱顿和杰克逐渐进入了大部分由更低等阶层的孩子组成的朋辈群体时，他们显得非常突出。他们的父母都有全职工作，一个从事法律行业，一个从事房地产。放学后的大部分时间里，他们都是由保姆照顾的，但其实大多时候还是兄弟俩彼此照顾。他们是很有头脑但不遵守规矩的孩子，非常调皮。他们是定期在学校制造并投放烟雾弹的始作俑者，他们也偷车和撬锁，他们喜欢魔术，而且比警察更聪明。不用说，他们有本事把父母整疯，但能让朋友们开心。

我记得我曾在两个场合下见过他们的父母。这两次，他们俩都惹上了这样或那样的麻烦，导致他们的父母不得不去公园把他们找回来。这很难让他们父母不产生歉意。他们彼时看起来是如此不合时宜地出现在孩子的世界里。如果当时我在那里，我们一定会聊一聊。他们似乎将我的服务称赞为一名“文化解释者”。

他们永远无法理解的是，没有任何限制，想去哪儿就去哪儿，想玩什么就玩什么的儿子们为什么会选择这样的活动领域？他们面前似乎没有任何障碍。在克莱顿和杰克的父母看来，孩子们的行为应该归咎于他们的同伴。很明显，是这些孩子带领他们的孩子误入歧途的。

从某种程度上说，他们是对的。公园里的那些孩子给这对兄弟提供了一条途径，能让他们找到任何他们在寻求的东西。如果那些孩子不在那里，那么克莱顿和杰克就会转向其他地方。但既然有这样一个离家很近又随时待发的朋辈群体，就能很容易满足他们的需求。

我除了知道街头的混乱对这对兄弟产生了飞蛾扑火般的吸引力之外，并没有完全了解他们到底想要什么，那种自我毁灭是无关紧要的。在杰克因为在学校投放烟雾弹被指控为破坏公物罪时，面对朋友们对他最近那次恶作剧的嘲笑，他和他的兄弟有点打退堂鼓了。他们跟每个人说：“我们的爸爸是律师，他会处理好的。”然后我突然意识到，这些对他们来说都只是游戏而已。公园对很多其他青少年来说是一个生存之地，而对他们来说，只是冒险。

那天晚上 8：00 左右，这对男孩的爸爸来公园找他的儿子。父母对孩子规定了宵禁令，但只有杰克遵守，他们的父亲表示已经很欣慰了。我们聊了几分钟，他一直在抽烟，而我在聚精会神地听。我们都能看到离我们有一段距离的孩子们，他们看起来都很奇特：平头，打扮却非常时尚，衣服上甚至还有设计师标签。那天晚上非常冷，所以几乎所有人都懒散地坐着，驼着背，轻轻地踢踏着脚，当然其他人是听不到踢踏声的。我仍然记得杰克父亲脸上的绝望，他在公园里看着他的孩子，表示无法相信会发生这些事情。我不记得我当时说了什么，但我记得他又接着说了句“这些该死的兔崽子们”，但不是指他的两个儿子。

导致这两个孩子处处惹麻烦的原因是什么？聪明的不良行为中所表现出来的吸引力到底是什么？这对双胞胎从他们的朋友那里可以找到他们想得到的支持，但他们不会被那些朋友主导。这一点我还是非常确定的。首先，虽然这两个孩子会与光头党们一起玩，但他们从不想让自己也变成那样。当朋友们在街头打架时，克莱顿和杰克非常清楚他们应该远离那些危险的消遣活动。不得不承认，我发现这种方式既能保护他们的安全，又能激起他们的兴趣。

对兄弟俩的了解和对他们与同伴之间互动的观察越多，我就越能发现他们是如何为朋辈群体文化带来乐趣的。他们对自然和游戏的热爱让这个群体变得很放松，激发他们对恶作剧产生了更大的兴趣，减少了严重伤害行为的发生。从某种程度上说，这对双胞胎的出现缓和了这个群体向更违法和更危险方向发展的趋势。

这两个男孩的出现，也让公园中来自蓝领阶层家庭的孩子们更容易冒险进入到那些排斥他们的高级住宅区。当只有保姆在家的时候，克莱顿和杰克毫不犹豫地带着他们的朋友去家里。但如果父母在时，就又是另一回事了。只有保姆在家时我们会有很多担心，因为这两个孩子非常高兴与他们的朋友分享他们拥有的一切。他们在基督教青年会这样的地方和其他类似于图书馆的公共场所会感觉更自在，在那里，他们不会觉得自己是外人。事实上，他们还鼓励朋友们接受街道工作人员的帮助，把基督教青年会当做一个休息场所，可以避免风吹雨打，也可以使用那里的体育馆和健身房。而基督教青年会并没有和具体的某一个社区联盟，看起来似乎都只是为了吓跑克莱顿和杰克的光头党同伴而已。我想，或许其他孩子的父母应该感激这两个男孩，因为他们对那些孩子产生了积极影响。如果我告诉这对双胞胎的父母，他们的儿子对其他青少年产生了正能量，我觉得他们不会相信我。

经过交流，克莱顿和杰克发现，孩子们很愿意去参与那些他们喜欢的冒险活动。这帮年轻人不会因为一点点麻烦就害怕。他们的恶作剧能一直得到比他们更粗暴的人欣赏和称赞，这让他们觉得非常享受。在同伴中，他们找到了一直在寻求的具有表现力的写实方式。他们似乎并不喜欢父母为他们提供的那些，也许他们已经厌烦了孤独的生活，也许他们有一些其他的问题，但这不是我的工作。同样，他们也没有说很多这方面的事情。从他们的谈话中我发现，他们唯一的问题就是因为他们的恶作剧而被捕。

如果我要帮助一个孩子去理解他作为一个平等参与者会影响到一个朋辈群体的行为方式，那么则需要这个孩子掌握建构健康身份的必要技能。但我们往往总认为孩子们是被他们的同伴牵引的，却忽视了他们自身的作用会推动他们怎样思考和行为，当然，既包括积极影响也包括消极影响。我见过药物滥用青少年的父母完全否认自己的孩子会给其他孩子提供毒品。当其他青少年替他们承担了所有责备时，他们的孩子就被原谅了。在父母们看来，那些青少年理应为他们造成的这些消极影响负责。当这些犯罪青少年不与“你认识的孩子”一起玩时，他们是人们眼中的“好孩子”（可能真的是好孩子）。

当父母责备同伴时，会有双重危险。首先，孩子们会丧失对自己行为负责的责任心；另外，孩子们也无法体验到人们对他们独特身份的赞誉，可能是行为不良者身份。在那些想掌控犯罪或想获得毒枭之名的青少年案例中，他们只能更努力成为一个更伟大的麻烦制造者。否则怎么让其他人相信他们是不受约束的自由身份呢？

变成自由的代言人

有的父母不会将孩子的问题归咎于他们的同伴，这样的父母往往会以比较轻松的方式让孩子帮助他们理解为什么他们要这么做。我鼓励父母们去问问孩子在朋辈群体中的角色；问问他们当与朋友一起玩的时候感觉如何；找出吸毒或其他不良行为对他们的意义是什么，有什么好处，会发生一些不好的事情吗？群体中最棒的是谁？他们的孩子有哪些特别之处、独一无二之处或不同之处？

当我们能带着“他们的真相值得了解”这样的信念接触我们的孩子，并开始进行上述那种对话时，才能进入下一步，帮助孩子们学习如何为群体文化贡献自己的力量。当青少年们建议群体去做一些不同的或更多相同的事情时，会怎么样呢？通过观察孩子在同伴中的发言，我们就能知道他们在这个群体中的地位，也能知道这个群体中是否有一些他们喜欢或不喜欢的事情。了解这些可以帮助我们设计出一种超越同伴之上的世界，也能给他们提供同样的激励、挑战和支持。

大部分问题我都问过，当然，是以非批评的口吻。我希望表现出一种好奇的态度，而不是审判。我希望让青少年觉得是在教育我，为黑暗空虚之地传授智慧。他们越是让我绝望，我就越有动力让他们为我解惑更多，这也的确没错。我是真的不理解，所以我希望并需要探知他们的世界，从而帮助他们适应家庭和社会。

我们的家庭可能是孩子们学习如何表达自己的地方，同时让孩子们的选择得到尊重，避免他们做出可能离家出走的糟糕选择。另外，我们应该保持多长时间和孩子们商量一次周日下午的安排呢？需要买什么呢？要做什么与他们的家庭或生活有关的事情吗？比较严重的案例是父母离异的孩子们。父母离异的孩子们会面临选择什么样的生活这类问题，这样的孩子们是不同寻常的。有时候年轻人会被询问意见，但更多时候他们的选择总是被忽视，因为可能会侵犯成人的生活。

坦白说，对于孩子应该如何在价值观和规则的建构过程中掌握发言权这个问题，我们没有尽到应有的教育责任。他们与同伴交往时并没有充分的准备，但很少有孩子会意识到这一点。在所需技能缺失的情况下，他们选择了以消极怠工来替代妥协，以欺凌替代谈判。

与其将孩子的问题归咎于朋辈群体，为孩子们提供机会在朋辈群体文化中获得发言权的体验，是更有意义的赋权方式。与照顾者之间的良好关系能为青少年自信心的培养创造出肥沃的土壤，让他们在家庭之外的环境中所享有的独特身份也同样得到称赞。作为成人，我们应该帮助孩子在朋辈群体中发挥作用。但从某种程度上说，在记录青少年的生活故事时，成人的这种角色会受到一定限制。我们的任务，或者说我们应该接受的是，帮助我们的孩子创作属于他们的抗逆力故事，在家里教授他们需要提升的技能。相反，如果忽视自身的责任，而去责备同伴，对我们并没有什么好处，只能促使我们的孩子走向更绝望的困境。

第十一章　推倒障碍

在市政选举三周前一个工作日的晚上7点钟，突然有敲门声，我打开门看见我们当地的一位委员竞选者出现在门廊上，手里拿着小册子，面带笑容，似乎非常渴望赢得选举。这是一位年纪挺大的男人，最近刚退休，他曾经就是在他现在想竞选的这个市政当局工作。他告诉我：“我们需要一些新的想法，我已经暗自观察三十年了，幕后交易、铺张浪费、人们的不公平待遇一直存在，这是我一直坚持这份事业的原因。我觉得应该改变这些状况。”

结果，这家伙花了五年时间为当地建立了一座运动场，包括一个户外游泳池和竞技场，到现在还一直在使用中。我们聊了聊他的那段时间，聊了聊这些状况是如何改变的。目前还在计划建立一个大型水上运动中心，需投资500万美元，但这么巨额的投资和后期维护费让以前的市政委员们都退缩了。但离我们车程大约只有1小时，并且更小的一些社区都有这样的设施。一些在市政当局充当领导者的男人和一些女人们，都不愿意承担起征税或从修复人行道的经费中重新分配资金，甚至还有对每到夏季就群聚在街道上的无聊青少年进行监管的责任。我默默地开始用我的方式观察一些事情。

“时代不同，很多事情当然也会不一样。”这点我同意。

我对他说："比如说曲棍球，对大部分家庭来说，为孩子这方面的兴趣买单的确是太昂贵了。但我们可以建立更多的冰场。"然后，在他捍卫对这项活动的热爱，不愿意建立一个游泳池之前，我问他："当你还是一个小男孩的时候，情况是怎么样的呢?"

我想他应该知道我为什么要说这些。他说："我知道你的意思。当我还是孩子的时候，一个男孩只需要 2 美元活动注册费。"

"现在却要花 400 美元，而且女孩和男孩都要支付。"他点头，"如果再加上活动设备，滑冰，公路旅行等其他项目，那么大部分家庭每季度就要为每个孩子支付 2000 - 3000 美元。你知道，我接触过大多数家庭的孩子不是混街头的，就是整天惹麻烦的。对这样的家庭来说，他们永远都无法担负起这么大一笔费用。"

"是，我承认这的确是个问题。"他说。

我笑着说："让游泳变成一个非常便宜的活动选择，这样一来，孩子们只需要花几美元就可以游泳，每天晚上和周末都有地方可去了。男孩和女孩们都会喜欢上这项活动，因为他们可以在彼此面前展示自己。我知道，和我们规模差不多的一个社区，他们有一个综合游泳池，里面有自己的甜品店，每天都非常热闹，人们在那里几乎是从早待到晚。"

"嗯……"他说。其实我可以让他的态度更礼貌一点。稍作停顿之后，他跟我分享了他对社区需求方面的想法，"但是那些没有孩子的家庭要怎么样呢？他们希望有人行道这类设施，并降低税率。很难说服他们把钱都花在那些他们用不上的地方。”

开始轮到我扮演怀疑论者了：“似乎也是这群人说过，他们觉得街头不安全，总是要求更多的警力控制街头上的这些孩子。但事实表明，我们投入的警力越多，呈现出来的问题会越多。我认为，我们没有从孩子们自身的角度去看待这个问题才是主要原因。”

“比如去年，他们想拆掉旧的冰场，然后建一个室内足球馆。”他回忆着，“它恰好是在这个城市最贫困地区的中心地带，邻近问题密集的那些区域。现在最受孩子们欢迎的运动是足球，不是冰球，也不是橄榄球。与你那个时代或者我那个时代不一样，不是吗？但事实就是这样。足球只需要一双球鞋而已，其他没什么花费。泳池大概也是同样的价格。男孩女孩可以一起玩。他们可以结交到不同的孩子，也许是刚来到这个国家的孩子，也许是可以追溯到第十四代的本土家庭的孩子。这是一项每个人都可以参与的运动。而我们也不用到处为孩子们筹这大笔费用了。”

“我听说建立室内足球馆总共大概要花费 50 万。”

“是的，但是我们重新装修市政厅花了 3 亿。修建海边花园花了 100 万。我讨厌说这些，但我觉得我们应该用清晰响亮的声音告诉孩子们，这些都不算什么。然后我们开始竭力反对游客们成群聚集，或是乞讨。一个冰场，一座泳池，虽然不难解决所有问题，但却是一个正确的开始。”

我看得出来，他很想告诉我更多关于城市改革的想法。我觉得他可能不是一个习惯倾听的人。作为一个婴儿潮后期出生的人，现在也已经成了一位长者。在这个地方生活了很长时间，他的成长是伴随着他那个时代、种族和性别的特权的。他是一个好人，请注意，我的意思是一个很正义的人。他很不错，但他无法改变任何事情。五十年来，他一直被困在对这个社区和生活在其中的人们的幻想之中。他很快就告别了我，并开玩笑地说，怎样才能让更多的年轻人为他投票。我觉得他是个很好的人，但我并不希望他成为市政议员。

翻越屏障

我们之所以坚持让青少年遵循我们的文化，是因为我们不愿削弱权力或者通过权力低于当权者的孩子们的视角来看待世界。我们喜欢按照我们成人的意愿构想这个世界。虽然我们也乐于有不同的思考，但总是面临代际遗忘的问题。

帮助青少年培养与同伴和家庭之间的良好关系取决于他们所需资源的获得。作为父母和照顾者，不管我们多努力，但由于社会、经济、政治、家庭及个人等因素的限制，青少年寻求成长资源的机会总是得不到满足。回想一下第五章介绍的年轻水手。当身处海洋中的青少年发现能漂浮过去的岛屿数量有限，或是他的船并不适合这次旅行时，如果是一个冒险青少年，那他有可能会放弃整个航行，就近安定下来。如果孩子们和父母生活在贫困或遭受虐待的环境中，如果他们的银行存款把他们套牢在那里，那么为这些处于风险之中的孩子提供一点点健康成长的机会将会是一件非常困难的事情。即使当经济障碍不再成为问题，但也需要提供实物而不是所谓意义性东西的社会期待和消费者导向文化的协力配合，为青少年探索多种途径提供机会时，他们才有可能获得个人的成长。另外，除非我们能解决孩子们成长经历中所面临的障碍，否则他们就会被困在我们构建出的虚拟监狱中，错失很多机会。

对父母和监护者来说，像这样一种手册往往会对孩子们的问题做过度的心理分析，然后产生一种误解，即我们必须要与孩子们单独进行工作，才能获得成功。然而每当我谈到孩子们的选择，我从未忘记过他们这些行为背后其实一直深受他们出生地区的限制。一些地区会受到危险生物的骚扰，还有其他一些因暴风雨和狂风而闻名的地区。虽然在前面的章节中已经介绍过如何培养一个健康青少年，但不管怎样，我们都无法脱离既挑战成人也挑战孩子的现实世界。

杰夫是一个16岁的土著青少年，他大部分时间都与父母生活在新城区。每到夏季，他们一家三口便会回家看望生活在老城区的其他家人。杰夫告诉我，他经常被游客称为“苹果”，他的同伴们常取笑他是“外红里白”。我觉得杰夫并不知道自己到底是怎样的一种身份。他只是努力去适应城里的朋友们，他们总喜欢在夜里上街游荡。这些朋友里，有一些也是土著民，他们共同应对着社会迫使他们面对的种族歧视问题。虽然种族歧视这个问题既敏感又微妙，但比起公开的不礼貌行为，当地人对种族歧视的了解甚至更多，杰夫和他的土著朋友就遭受着与白人孩子完全不同的待遇。而闻嗅气体和财产犯罪则成了杰夫的一种生活方式。杰夫的被排斥感和应对排斥的问题行为，有时候很难说这二者到底是谁先谁后，就像众所周知的鸡生蛋还是蛋生鸡的问题一样，没有答案。不管答案是什么，看到这个聪明的孩子慢慢堕落，看着他和他的朋友们越发牢固的刻板印象，实在很令人难过。似乎杰夫的内心丢失了什么东西，导致他对其他人总是很抗拒。不幸的是，差异之间的火花从未被点燃过。他不相信未来会更好，或者说可能是他并不想忍受过分干涉他行为的人对他洪水般的期待。他曾经告诉我，他“只是一个土著小孩而已”。

很难通过生命线的方法了解杰夫究竟经历过什么。他最终在一场车祸中丧生，很多认识他的人都认为这场车祸是故意制造的。因为考虑到父母的情感，排除了他自杀的可能性。在他去世之前，没几个人认为他会慢慢爬出他那贫瘠的世界，取得一些进展。而事实是，他开始屏蔽社会给他界定的身份，重新定义自己。很快他就找到了一个群体，成员都是少数族裔孩子，似乎这个群体给他提供了一些不同的东西，不再是侮辱和贬低。如果他还活着，也许等到二十岁的时候，他会找到实现社会能动性的方式，然后变得更加安心。也许他会懂得如何更有效地抵抗或者会在能够接纳他的地方为自己赢得一席之地。

但作为一个一文不值又成瘾的“印第安人”，他每天的生活经历却是非常强大，而且包罗万象，因此他无法动摇这个附着于他的身份。与白人合作，寻求休战，是父母的应对方式。有何不可呢？他们和任何人一样值得拥有对中产阶级之梦的憧憬，但他们的儿子却陷入了两个世界之中。因为没有正确的指引，他在两种不同文化中迷失了自己。

种族问题和个体对某个特殊种族群体的认同或非认同会影响个体的身份建构。支持孩子们挖掘自身能力是非常好的，但现实世界的屏障却总是比他们期望能获得的关怀要多得多。

孩子们面临的其他障碍也是一样。孩子们生活中遭遇的强制性色彩其实是有规律可循的。对于像杰夫这样的孩子，同伴和成人总会固化对他们的形象，永远都将他们视为印第安人，或穷人，或吸毒成瘾的青少年，或是觉得上梁不正下梁歪，他们的父母一定也是这样，并相信他们的行为很可能是受到限制的，一些孩子表达自我才能的机会往往会受到社会体制性障碍的抨击，这是显而易见的现实。在我们的有生之年，唯一实现的就是体育上的种族融合。仅从十几年前开始，女孩才能参加以男性为主导的运动，比如曲棍球和橄榄球，得以拥有与男孩同等多的机会。当大人们忙于收拾打破玻璃天花板的烂摊子时，孩子们只是在享受其中的乐趣，才不管他们是谁。虽然问题很突出，但在这件事情上，我其实比我多数同事乐观得多。实际上，像杰夫这样的孩子往往会被唤醒，然后做出一系列不同的选择。另外，女孩们现在也能去学习一些汽车类课程，而不再是过去的家庭主妇。这是一个不断变化的世界，青少年既是创造这些改变的主导者，又是过去世界的受害者。在这种转变过程中，我们可以为孩子获得更多增进健康的选择提供大量帮助。朋辈群体启发我们，有能力选择某种身份的孩子一定是正在寻求健康的道路上摸索。

之所以对不同行为赋予不同的相对价值，是权力和关系的约束所致。为什么人的外貌、音乐风格或运动形式之间要存在价值差异呢？然而庆幸的是，在如今这个时代，青少年们有了越来越多的选择，尽管最终哪些选择能被接纳仍受到社会的限制。年轻的拉丁美洲歌者占据着流行音乐排行榜的前位，黑人艺术家向白人艺术家灌输他们的说唱和雷鬼歌词，在世界文化的大融合中，多样性必然会越来越突出，但同时也仍存在着恐惧和霸权的威胁。那些不能对某种特殊艺术品表现出狂爱的孩子往往会被排斥，他们的价值同样也会被贬低。不过幸运的是，这些被排斥的孩子发现，与志同道合的人交往让他们感到更加轻松。不管怎样，问题在于，作为监护者的我们很少认真去判断哪些成长和发展对孩子们是好的，哪些是不好的。

当我们开始具体讨论什么是心理健康，什么是心理不健康时，存在同样的危险：哪些健康功能范畴是由掌权者决定的？作为成人，我们能帮助青少年反击并不符合他们的心理健康系统。回想下米契，整日待在一个封闭的空间，蜷缩在地板上，这个年轻的男孩选择变成“疯子”，而不是积极应对他曾执著的危险环境。而在从事心理健康关怀系统的专家群体中，顺从与健康这两个概念的混淆趋势也日益明显。当一个孩子的行为与众不同，偏离了人们对他/她的期望时，我们就坚信地说这孩子病了或是心理失常了。作为期望的牺牲品，孩子反而被责备没有“按照预期发展”，也没有很好地配合。

我们可以帮助孩子抵御这种影响。当我读报读到周六生活版块的新闻时让我很吃惊，新闻上说只要参与治疗小组，提升自尊，对人际关系稍作改善，就能保证让人们获得健康。通过改善自己来迎合社会期望的一味坚持，往往会忽视其他与自己不同的人或是没有合适的个人资源的人。虽然“提升自我计划”的市场现在非常火热，但我们很少从中看到人们被期望去迎合社会的这种系统是存在问题的。如果我们要帮助我们的孩子建立健康的自我，可能必须对这些致力于提升自我的机构提出一些质疑。

例如，我曾经见过一个帮助学校管理者研究学校工作方式的群体。我们希望孩子们歪曲自己以适应老师们的需求，但我们也一直在研究如何创造出更适合高风险孩子和青少年的学习环境。就如别人所言，为什么一定要让这些“朝气蓬勃”的孩子每天花 6 小时学习他们不需要知道的那些深奥的东西呢？

我曾参加过一个讨论为高风险青少年建立娱乐休闲中心的社区会议，在孩子们希望的时间和地点为他们提供不同形式的活动。然而，我看到关注此事的公民们一直努力为孩子们提供仅被更广泛的社会所认可的休闲娱乐机会，结果却只能使高风险青少年处于一种无形或边缘化状态。例如滑板公园，经常会沦落为工业区或混凝土丛林，而旱冰场却会被迫成为从未使用过的停车场。同时，为满足青少年的需求，建立网球场、篮球场、冰球场、足球场还有自行车车道成为主流文化所热衷的。而实际上，这些公共设施也同样可能会成为青少年问题的滋生地，难道我们愿意容忍他们偶尔的破坏行为吗？尽管我们的所作所为充满了机遇，但也会因此让孩子们以社会接纳为代价将自己困在所谓提升自尊的模式中，这种情况我们能理解吗？

如果我们真正考虑街头孩子的需要，那我们可能要开始注意为午夜篮球而开放学校体育馆，将冰球场变成常年的室内足球场，网球场改建为轮滑冰球场，还要将能让孩子们大显身手的滑板公园建在公共场地。

在我的经历中，我见证过上述很多做法发挥的作用。我知道午夜篮球能吸引很多的街头少年。我知道有一个社区将滑板公园建在公共领地，会有源源不断从附近商业区开过来的车，一整天都是车水马龙景象的交叉口处，孩子们非常喜欢。因为当他们从混凝土建筑和木质平台上俯冲下来时，会吸引很多观众。还有一个社区建立了一个传说中的水上运动中心。周六、日的下午和晚上，都会有一定数量的青年人过来，他们一边关注朋友们，一边搜寻着能吸引他们的人。还有很多我还未提及的，如很多的活动中心、艺术课程、为风险青少年提供暑期工作的特殊项目、结构宽松并且能让孩子们灵活选择的暑期学校、传授工作技能的职业课程、父母的支持和户外音乐会。我是个谨慎的人，我喜欢说出“我们有实力”这样的话，而不是有让孩子们产生归属感的愿望。

联盟

一个孩子无法独自面对这些强大的力量。当他们遭遇体制性的种族歧视、年龄歧视、阶级歧视、性别歧视或其他歧视行为时，青少年聚集到一起组成准军事化的“勇士”或“帮派”群体来捍卫自己的权利这很奇怪吗？他们还能做什么呢？深藏在这些群体文化中的奋斗精神其实和我们是一样的。我们的孩子通过无秩序行为寻求反抗的途径，以维持自己的生存空间。我并不完全认同风险青少年应对问题的方式，但我现在知道，假设他们的方式比我的更有效或更糟糕对我来说没什么意义。如果要帮助他们，必须与他们在互相尊重和信任的基础上建立联盟。悲伤的是，孩子们很少能从控制他们的人那里获得帮助。

“你帮不了我。真的，什么都帮不了。”很多不同的青少年都跟我说过同样的话，态度或是直率的，或是无礼的，或是礼貌的，或是傲慢的，他们的父母也听到过同样的话。孩子们真的不相信我们成人能帮助他们，至少当我们还在坚信能给孩子提供正确指引和坚信他们的反抗行为是问题青少年的标志时，他们是不相信的。

不久之前，我见到詹尼斯，一个 19 岁的年轻姑娘。她先后经历过集体之家、寄养家庭、虐待家庭和监狱的生活。她说：“他们对我最大的帮助大概就是让我离开我待的地方。没有人能真正帮助我。每次搬家，所有专家都只是让我的情况变得更糟糕而已，如果是让我留在自己家里我想会更好。”

“但是你在家受到了虐待。”我抗议道。

“不停搬家，逼我离开我的家庭难道就不是虐待吗？”

她说得很有道理。制度化的解决方式并不一定比她自己想出的方法更好，至少她是这样认为。当然，我也在努力思考，如何让一个遭受虐待的孩子继续留在虐待家庭这个观点合理化。但也许詹尼斯是在告诉我们，没有人问过她真正需要的是什么。

为了进一步解决问题，她告诉我：“我只与和我一样的孩子们玩。如果这个世界认为我是一个坏孩子，那么我就会变成一个真正的坏孩子。我们都是这样，大部分时间都在玩，但这并不是我真正要的生活。我想回到我自己的家，但他们不允许，他们不听我的，似乎我就是个小女孩，我说什么，他们都不在乎。但实际上，任何人都不应该受到这样的待遇。”

我们经常会因为年龄、性别、种族和能力而产生偏见。然而，我们需要站在孩子的角度帮助他们抗击这些偏见。当我们与他们联盟，而不是与他们敌对时，才能帮助他们。

我 8 岁的儿子一直努力与 10 岁的孩子头贾斯汀建立起良好的关系，贾斯汀和我们住在同一条街上，喜欢欺负弱小者。斯科特学了很多他没必要学习的新语言和有趣的人类解剖学知识一直到他长大。这也得感激贾斯汀，因为他听到贾斯汀的语言之后才决心去学的。但尽管这样，我的儿子还是会受到很多惩罚。我当然不希望如此。但正如他知道的，问题关键在于，他想和街边的孩子群体一样做那些有趣的事情。他喜欢通过战争游戏、捉迷藏和想出制造火箭的方法过程中显露出来的男孩子的能量。尽管他体型很大，有时候又很聪明，但他仍相信只要能和贾斯汀与他的小团体一起玩，就有机会体验这些刺激。当我意识到斯科特获得的所有积极体验都与贾斯汀一起玩有关时，我给他出了个主意，也许能帮他扭转形势，让他变得更强大。我搭了个树堡，树堡改变了斯科特和贾斯汀之间的权力动力关系。现在我的儿子有了自己的地盘，孩子们都来我们的院子里玩，而我们成人可以监控他们讲粗话。我儿子在群体中的地位变得更高，能发挥更大的领头作用。

这并不是我尝试的第一种方式。当欺负行为开始时，我就和欺负者的父母谈过。这种方法管用了一段时间之后，我儿子又回到了被欺负的状态。接下来，我试着让他改变他的方向，让他多和同年龄的孩子交往。这种方法也有一点效果，但他仍想回到他自己选择的那个打闹成一团的群体。所以我想，那就帮他在这个群体里立足吧，为这些孩子创造出一个能让我们都满意的空间让他们玩耍，这并不是一个完美的解决方式，但这却是正确的一步。同时，这也是对彼此交往的邻里孩子们的一种尊重。换句话说，树堡之所以能发挥作用，是因为它是我儿子的朋辈群体所认同的。

更多的工作

我们都希望孩子们能发展出我们认可的健康人格。对于大一点的孩子来说，工作能发挥很大作用。尽管对很多人来说经济实力很重要，但这也取决于你住在哪里，可能那里有很多青少年——根据种族、性别、父母赚多少，接受过多少教育，或生活在城市还是未从经济回升中获益的农村，被区分为不同群体。我们身边总有一些无法享受到富裕的“另类”孩子。他们的工作机会很少，而且收入也很低。似乎我们生活的每个地方都有一个无形的清单，告诉人们哪些孩子符合成功的条件，而哪些不符合。如果一个孩子处于“B”类，那么他/她独自改变这种形势的机会很小。我们却不这样认为。人们总说“只要努力，就会成功。”但事实却是，除非孩子们有非常杰出的才能，否则他们将无法逾越他们成长过程中的制度化障碍。

因为就业市场在不断萎缩，因为学业成绩不好的孩子往往会被送去参加职业培训。然而在今天，即使是像看门人或农民这样的工作，如果没有 12 年的受教育经历，也会遇到很多闭门羹。虽然整体趋势是越来越好的，但我还是很沮丧，因为在我们匆忙进行信息革命时，我们将孩子遗忘了。

孩子们努力寻找一份令自己满意、薪水也比较不错的工作，比如一般工人、商业学徒、职员、文员和维修工，当然还有作为第一产业核心和灵魂的渔业、农业和林业。很多这类工作要么已经饱和了，要么需要更优秀的专业人员。虽然我们进步得很快，但当我们醒悟时，就会发现我们留下了一群倒霉的无依无靠的孩子。

当青少年从高校毕业开始找工作时，会悲哀地发现，很多工作都是兼职和临时工作，要不就是薪水很低，而且没什么晋升空间，于是孩子们只能“明智地”选择放弃。

如果孩子们要建构一个健康的、能被更广泛接纳（不仅限于被同伴接纳）的身份，他们必须有工作的机会。作为成人，我们能为孩子建立一个多种学习途径并存的更灵活的教育体系。每个孩子都有受教育的权利。这是法律规定。只是，我们对于目前教育形式的审视还不够。

采取行动应对危机

我一直将公共设施视为一种过渡区，可以帮助青少年摆脱街头并挖掘出各种各样的才能，而我们却很少在公共设施上进行投资。虽然我们每天都在做决策，但既没能使我们的孩子和他们的同伴受到广泛的积极接纳，也没能让他们成为二等公民。

我所在社区仍在努力争取建立一个水上运动中心和室内足球场。我很喜欢我们的宣传语，“它们会吸引孩子的到来。”但不管怎样，我们仍需要向孩子们传递这样的想法：我们希望成立水上运动中心和室内足球场，并且当孩子们到来时，我们会让他们感觉到自己是多么受欢迎。

我真心希望我们能将经费从不断扩大的警力预算中转移方向。街头上的警察越多，就会有越多的孩子觉得自己是罪犯，并扮演起这样的角色。当我们市中心增加了警察徒步巡逻和自行车巡逻规模时，我依然记得很多青少年对此的反应。“这些警察还不错，”孩子们说，“但如果他们是因为我们而来，那我们就不得不告诉他们一些事情，否则我们是不会说的。”似乎我们在很多孩子面前放了一面很大的奇幻镜，能映照出畸形的自己，即“犯罪的”自己。警察设法让孩子们离开主街，强迫他们去小巷子和几个街区之外的废弃仓库。我倒宁愿他们就在附近。我经常想象，当他们在社区的黑暗角落时，他们会做什么。

我们应该让更多的经费用在需要他们的人身上。这似乎是显而易见的事情，但芝加哥的社区活动家约翰·麦克奈特（John McKnight）发现，每花一美元用于社会救助，就有一美元五十美分进入社会服务机构以实施这些救助。所以，我们的确是花了钱，但却没有得到我们希望的结果。

应对这些危机的方式并不是建立更多的监狱。在 19 世纪 60 年代，美国的监狱里容纳了 200000 人。现在，很多人独自在加州的监狱中，这个国家监狱的建立和运作已经发展为了一个比武器制造业更大规模的产业。越来越多的监狱并不意味着能营造一个更安全的社会。实际上，建立监狱的同时，接受住院和门诊的精神病机构却是经常处于资金不足或停业状态。犯罪学家并没有打算将精神疾病判定为犯罪的趋势。同样，对于大部分问题青少年来说，我们愿意相信通过训练营或其他惩罚手段能对孩子们进行矫正。这项研究表明，这种惩罚性方式的长期影响是非决定性的或者说至少是微不足道的。就好比通过更猛烈的打击来驯服一只受过虐待的恶狗一样，这种惩罚性方式往往是一种误导。我们的政客们想给我们呈现出针对这些复杂问题的快速解决方式，但其实我们需要更深入地思考这个问题。

有时，训练营还是能发挥作用的。但并不是我们所想到的原因。在前面章节中有过描述的孩子们让我发现，我在工作过程中接触过的很多青少年都因为大量的关注、纪律、保护和例行程序陷入过濒死状态。只要有机会能让孩子们在社区中发挥价值，并让他们的工作得到他人的尊重，即使是锯木头，很多孩子都会愿意去做。训练营之所以能发挥作用，是因为服务人员对罪犯有大量的跟进工作和重新整合工作，能帮助他们在营区中实现与在社区中相同的身份。

但迄今为止最有效的方法依旧是避免孩子们入狱或是第一时间就对他们进行关怀。我经常听到人们悲观地说，要让在系统中长大的孩子发生改变实在太迟了。我们都知道为孩子提供一些服务并花不了多少钱。研究该问题的人们认为，我们对孩子的投资要从 6 岁前就开始。对此我完全同意，我并没准备好看着整整一代人都沦落为无用之人。另外，正如我说过的，我们有能力应对这个危机。

我们需要为孩子们提供可接受的并能增进健康的方案，让他们可以建构自己的新生活。比起在开放并没什么限制的滑板公园中交往的不良青少年和其他青少年，我更担心那些被自己标签为偏差和失常而聚集在青少年矫正机构或精神病机构的青少年们。存在哪些可能性选择可以让一个年轻人找到一种不同的身份呢？一项以 1000 名左右成长于新西兰的青少年为对象的研究发现，对于很多寻求刺激的孩子来说，与长期维持一种风险性生活方式的孩子交往，实际上会导致行为良好和拥有较好资源的青少年变得更加不良、越轨和危险。当选择非常有限时，风险青少年只能选择一种可获得的身份，不管这种身份是什么。因此，当我们在审视青少年的自主解决方式时，也需要仔细考虑身为社会人的我们在危机产生过程中的角色。

最后的反思

对我的孩子来说，我就是他们的镜子。同时，他们的同伴也是。不管是谁，只要在孩子们面前表现出了最强大的身份，那么这个人就会成为孩子们生活中最有影响力的人。如果问我们从“问题”青少年身上会得到什么启发，那一定是，青少年最终选择的道路是绝对能在他人面前表现出最强有力的那一条。回顾在这本书中提过的那些青少年们，我们会发现，没有一个孩子说朋辈群体强迫他们做自己不想做的事情，他们从没有过这样的压力。他们的生活方式都是能让他们接近成功和获得良好感觉而做出的选择。

也许我不应对这些发现感到惊讶。我所要做的就是仔细审视我作为一个成人的生活。我开什么车，穿什么衣服，我的家，我的草坪，我的教育，我的交友选择，这些都与能带给我幸福感的身份相关。而且当生活环境占了上风时，即使是在那些很难熬的时期或更加孤立的环境中，我发现我也能知道我该选择什么样的朋友、房子、衣服和其他任何能反映出我作为“我”存在的东西，随着环境相应地做出变化。没有人能强迫我做我不想做的事情，尽管现实的生活环境和文化会对我的成就和愿望的实现产生限制。但我仍觉得非常荣幸。大部分我介绍过的孩子们都没有这种荣幸。但这并不意味着他们的选择没有我的重要。我已经意识到，我们都是在争取自己的幸福。

我现在经常从不同角度思考我们的青少年。我并不认为他们的挣扎是一种弱点的表现，反而我觉得这是对某种精神的盛赞。我的侄女特别想长大，但当她与我的孩子一起玩耍时，自然而然又回到了一个小孩的样子。我临时请了 15 岁的托马斯来帮我照看孩子，非常纤瘦的一个男孩，每次出现在我们的门前几乎都毫无声响，微笑着，但却非常羞涩。我真的很想知道他到底是怎么对付我的两个吵闹的小孩的。他走了之后，我两个孩子都吵着一定让我再邀请他回来。我想知道，到底发生了什么？当我们大人不在家的时候，他做了什么呢？

我们的青少年在不断尝试很多不同的身份。虽然他们并不完全具备在远离舒适带之外自由遨游的能力，但他们一直在努力。我 12 岁的侄女一直努力想做个行为成熟老练的孩子，但后来还是退回到一个孩子的状态了。虽然托马斯并不是完全在我们身边长大的，但当我们不在家时，似乎他能按照我们期望的那样顺利完成自己的责任，并扮演好监护者的角色。一路走来，我们看到这些成长中的孩子们不断在与家庭、社会朋辈群体的关系中徘徊。对青少年来说，他们的朋辈群体本身就是非常棒的资源，即使有时候我们成人对这一点难以置信。要改变父母的态度，这是个很复杂的工作。如果说我从这些孩子身上获得了什么启发，那就是，我们应该做一个明智的监护者，撇开对青少年的偏见，并仔细倾听在我们的照顾下一路成长的他们。

作者致谢

多年以来，我的工作得到了很多人的支持，其中最重要的是我的妻子凯茜（Cathy）。还有我的孩子们，斯科特（Scott）和梅格（Meg），是他们每天的耐心启发，让我慢慢了解当今世界的孩子。

还有很多人对本书中所讨论内容的编排成形提供了很大支持。感谢我的青年导师史蒂夫·维民伯格（Steve Vineberg），是他引导我走上这条路并且成就了我如今的职业兴趣和职业生涯。同时，还要感谢安妮特·沃克（Annette Werk）、玛格利特·贝肖普（Margaret Bishop）、诺里斯·特纳（Norris Turner）和厄拉·维克斯（Earla Vickers）在锤炼临床技巧方面给予我的大力帮助。

当然，这么多年来，接受过我正式诊疗和非正式诊疗的所有青少年和他们的家庭，才是本书最大的贡献者。尽管他们在本书中是匿名的，是他们的包容和帮助使我逐步对问题青少年的生活有了更深刻的理解。

同样，我要感谢伊薇特·杜塞特（Yvette Doucette）对初稿提出的修改意见，还要感谢朱莉娅·斯旺（Julia Swan）、杰克·巴克利（Jackie Barclay）和朗达·布罗菲（Rhonda Brophy）对此书的编辑工作。最后，衷心感谢我的同事们，尤其是帕特·沃伦（Pat Warren）、伊莱·特拉姆（Eli Teram）、约翰·皮克特（John Picketts）和罗斯·克莱因（Ross Klein），感谢他们协助我开展研究和出版此书。

为了保护我有幸与之共事的所有当事人的隐私，我保证此书中分享的故事都是真实的，以零碎的生活片段为基础，再加上年轻人及他们家庭中常见的逸事，使之小说化。由个体来取代青少年和他们的家庭所呈现的综合特征，当然其身份是保密的。如果按照我的描述，没有一个人是真实存在的。虽然有些读者可能觉得，他们能认出其中某个人，那我只能说巧合性大于真实性。或许，如果你觉得这些故事听起来似曾相识，这是因为在我的职业生涯中，我走过很多的社区，包括大社区和小社区，见过太多的青少年，他们分享的故事有着太多的相同之处。我只希望我的读者们通过阅读这些故事能发现自己身边相似的故事，找到自己应该去关心的孩子。

后　记

“挑战社会环境下青少年使用正式社会服务与非正式社会支持的模式研究”是受加拿大国际发展研究中心（IDRC）资助与管理的国际合作研究项目，旨在探求与发现五大洲不同国别的青少年在社会挑战、社会变迁日益剧烈的环境下，如何获得与使用多种多样的社会资源，从而达到积极成长与健康发展的目标。此套丛书作为这一研究项目的成果之一，也在探寻与回答家庭、学校、成人社会作为青少年成长的社会资源，出现了哪些问题？面临着怎样的挑战？可能变通的路径与方法有哪些？虽然是别国的经验，但对中国读者的借鉴意义很大。

2009 年起，我们作为 5 国之一（其他 4 国是：加拿大、南非、哥伦比亚、新西兰）启动了在中国北京的全方位研究与全程实务。先后采用的研究手段包括：问卷调查、个案访谈、焦点小组、参与观察、非参与观察、行动研究、文献分析、实物分析等。这一过程中，我们与 2000 多名青少年面对面交流，与 1000 多名青少年一起活动，与 1000 多名青少年进行了网络沟通，与 300 多名青少年进行了一对一访谈，与 300 多名青少年保持着资讯互动，与 100 多名教师对话与研讨，面向上万名教师与家长开展讲座与培训。全部过程走下来，想感谢的人特别多，在此列举以下名单，以这种方式表达我们对这些学校或者机构的孩子们、家长们、老师们、管理者的衷心谢意。

北京市宏志中学
北京市第十九中学
中国人民大学附中
中国人民大学附中分校
北京市通州四中
北京市中关村中学
北京市高家园中学
北京市海淀区 123 中学
北京市昌平区第一中学
北京市十一学校
北京市朝阳区管庄中学
北京市房山区永定中学
北京市延庆县一中
北京市平谷区第四中学
北京市大兴区教师进修学校
北京师范大学大兴附中
中国音乐学院附属中学
北京市门头沟区王平中学
北京市门头沟区教委
北京市海淀区育新学校
北京市海淀区一零一中学
北京市东城区十五中学
北京市东城区东直门中学
北京市丰台区第二中学
北京市丰台区十二中学
北京市东城区一六一中学
北京市东城区景山学校
北京市东城区二十五中学
北京市朝阳区陈经纶中学
北京市海淀区教师进修学校附中
北京市朝阳区教师进修学校
北京市密云区教师进修学校
北京市顺义区第五中学
北京市亦庄实验中学
北京市大兴区长子营中学
北京市石景山区教师进修学校
北京铁路电气化学校
北京铁路卫生学校
北京市三十五中学
中国青年政治学院青少系

北京市海淀区育英中学
北京市北达资源中学
北京市海淀区八一中学
湖北阳光教师培训中心
安徽省亳州一中
山西省长治县一中
河南省夏邑县第二实验中学
河北省三河一中
湖南省湘阴县湘阴一中
山西省高平县高平一中
山东省淄博一中
山东省花莲县花莲一中
乐山师范学院教育系
中国青年政治学院社会管理学院
中华女子学院社会工作系
山东师范大学教育系、心理系
河北省保定学院图书馆
济南市卫生学校
联合国人口基金驻华代表处
联合国教科文组织驻华代表处
中国儿童中心
北京爱白机构
玛丽斯特普国际组织中国代表处
歌路营青少年服务中心
华东理工大学社会工作系
河北省阜城县一中

挂一漏万之处，敬请谅解。

加拿大国际发展研究中心给予本研究项目巨大的经费支持，保证了所有研究环节的实施与推进。中国科技部与北京市科学技术委员会给予项目重要的政策支持。首都师范大学学校与政法学院给予本研究全方面的扶持与便利。项目组全体师生风雨无阻，亲力亲为，扎根学校，辐射社区，以高度负责的学术精神与求索探新的研究态度，持之以恒，不敢怠慢，获得了宝贵的发现。一并感谢，感恩社会，感动自己。

研究是艰辛的，也是快乐的。与青少年相处的日子，虽有很多挣扎与纠结，但也体会到生命的多彩与美丽。相处的时间越长，我们就越是感觉到，青少年给了我们又一次思考自己的机会。以一种新的视角重新发现青少年，也是重新发现我们自己！

田国秀

及项目组全体成员

2013 年 9 月